MICHAEL J.RITT

NAPOLEON HILL

DER SCHLÜSSEL ZUM POSITIVEN DENKEN

MICHAEL J. RITT

NAPOLEON HILL

In 10 einfachen Schritten zu mehr Gesundheit, Reichtum und Erfolg

DER SCHLÜSSEL ZUM POSITIVEN DENKEN

FBV

Bibliografische Information der Deutschen Nationalbibliothek:
Die Deutsche Nationalbibliothek verzeichnet diese Publikation in der Deutschen Nationalbibliografie. Detaillierte bibliografische Daten sind im Internet über http://dnb.d-nb.de abrufbar.

Für Fragen und Anregungen:
info@m-vg.de

Wichtiger Hinweis
Ausschließlich zum Zweck der besseren Lesbarkeit wurde auf eine genderspezifische Schreibweise sowie eine Mehrfachbezeichnung verzichtet. Alle personenbezogenen Bezeichnungen sind somit geschlechtsneutral zu verstehen.

2. Auflage 2023

Die englische Ausgabe erschien 1998 bei The Napoleon Hill Foundation unter dem Titel *Napoleon Hill's Keys to Positive Thinking*.

Übersetzung: Philipp Seedorf
Redaktion: Anne Horsten
Korrektorat: Christine Rechberger
Umschlaggestaltung: Sabrina Pronold, München
Umschlagabbildung: Shutterstock.com/pernsanitfoto
Satz: Zerosoft, Timisoara
Druck: CPI books GmbH, Leck
Printed in the EU

ISBN Print 978-3-95972-655-9
ISBN E-Book (PDF) 978-3-98609-259-7
ISBN E-Book (EPUB, Mobi) 978-3-98609-260-3

Weitere Informationen zum Verlag finden Sie unter

www.finanzbuchverlag.de

Beachten Sie auch unsere weiteren Verlage unter www.m-vg.de.

INHALT

DANKSAGUNGEN

In einem Brief an den englischen Wissenschaftler Robert Hooke schrieb Sir Isaac Newton: »Ich vermochte nur deshalb weiter zu blicken [als Hooke und Descartes], weil ich auf den Schultern von Giganten stand.« Das trifft auch für mich zu. Ich bin in der Lage, Ihnen Prinzipien und Methoden zu vermitteln, die Ihr Leben verändern könnten, weil mein eigenes Leben von Giganten verändert wurde, die mir gestatteten, die Welt von ihren Schultern aus zu betrachten.

Ich erwähne hier zuerst den Psychologen und Philosophen Doktor William James. Ich kannte ihn nicht persönlich, aber er war es, der eine tragfähige theoretische Basis der Positiven Mentalen Einstellung (PME) schuf. Zweitens verweise ich auf Napoleon Hill, diesen außergewöhnlichen Erforscher der Geheimnisse des Erfolgs, der als Erster die Prinzipien der PME quantifizierte und seine Erkenntnisse in Selbsthilfebüchern verbreitete. Ich kannte Napoleon Hill fast 20 kostbare Jahre und arbeitete mit ihm zusammen. Und drittens stehe ich in der Schuld von W. Clement Stone, diesem Giganten der Giganten, der unermüdlich anderen das vermittelt, was er so erfolgreich umgesetzt hat – die erstaunliche Kraft einer Positiven Mentalen Einstellung.

Michael J. Ritt

VORWORT

Mithilfe dieses kleinen Buches können Sie Ihr Leben verändern. Es enthält die Schlüssel für Ihren Erfolg: PME, eine Positive Mentale Einstellung. Sie können PME nutzen, um Ihre persönlichen Träume zu verwirklichen, indem Sie den bewährten Prinzipien folgen, die diese Schritt-für-Schritt-Anleitung einfach und verständlich aufführt.

DIE VISION DES GELOBTEN LANDES

In der Bibel wird uns erzählt, dass Gott Moses am Ende seines Lebens auf den Berg Nebo führte, von wo aus dieser große Anführer das den Israeliten verheißene Land betrachten durfte. Bevor Sie damit beginnen, Ihr Leben selbst in die Hand zu nehmen, sei auch Ihnen eine Vision Ihres Ziels gewährt. Sie stehen am Ende Ihrer alten Lebensweise und starten in Kürze einen neuen Anfang. Sie werden von nun an überholte, energieraubende, negative Sichtweisen auf die Welt ablegen und sie durch das inspirierende Leben ersetzen, das eine Positive Mentale Einstellung ermöglicht. Tragen Sie dieses hoffnungsvolle Bild mit sich – die Aussicht auf das, was PME für Sie tun kann. Stellen Sie sich vor, dass Sie von diesem Tag an:

- erkennen werden, dass in Ihnen eine gottgegebene kreative Kraft steckt.
- Ihre Emotionen steuern werden, sodass Sie Ihre kreative Kraft zu Ihrem Besten nutzen können.
- alle negativen Einstellungen eliminieren werden, die aus Ihren ineffizienten Reaktionen auf vergangene Erfahrungen resultieren.
- Ihre Ängste überwinden und realisieren werden, wie sie Ihre kreative Kraft zerstören, wenn sie Ihre Gedanken beherrschen dürfen.
- sich nur noch gute Erfahrungen vorstellen werden, sodass diese kreative Kraft ausschließlich positiv wirken kann.
- aufhören werden, über vergangenen Fehlschlägen und Tragödien zu brüten, und damit verhindern, dass diese sich in Ihrem Leben wiederholen.
- Ihre stärksten Gefühle und Ihr innigstes Begehren auf die Dinge lenken, die Sie sich im Leben wirklich wünschen.
- niemals absichtlich die kreative Macht der PME für selbstsüchtige oder destruktive Zwecke nutzen werden, da Sie wissen, dass der Missbrauch dieser Kraft Sie selbst und all das, was Ihnen am Herzen liegt, zerstören kann.

Diese positiven Effekte (die Ihnen als Mensch von Geburt an zustehen) umzusetzen, wird von diesem Tag an Ihr Ziel sein. Nichts kann Sie aufhalten, und Sie benötigen nur Ihr eigenes Engagement, um diese Effekte für sich zu erzielen.

EINLEITUNG

WELCHEN NUTZEN WIRD PME IHNEN BRINGEN?

Eine Positive Mentale Einstellung lässt Sie neue Hoffnung schöpfen und Verzweiflung sowie Entmutigung überwinden. Wenn Sie sich PME aneignen, werden Sie feststellen, wie Ihre Einstellung immer förderlicher, gesünder und produktiver wird, sowohl im Umgang mit anderen Menschen als auch in Bezug auf Aktivitäten, wodurch Sie alles, was Sie sich wünschen, im Leben erreichen. Nicht von ungefähr bezeichnet man PME auch als die »ICH-KANN – ICH-WERDE«-Philosophie.

Indem Sie PME nutzen, kommen Sie mit sich und anderen ins Reine. Sie werden eine innere Leichtigkeit entwickeln, dieses innere Leuchten, diese Haltung, die Ihnen zu Selbstrespekt und anderen positiven Emotionen verhilft. Sie werden das Wohlwollen anderer sowie positive Lebensumstände anziehen und negative abstoßen.

Die PME-Effekte entstehen automatisch, aber man erreicht sie nicht von selbst. PME erfordert einen Prozess der steten Anwendung. Es ist nichts, das man nur dann und wann tut, wenn es einem in den Kram passt. Es ist ein essenzieller Bestandteil des

Lebens. PME muss zu einer derart verankerten *Angewohnheit* werden, dass Sie sie automatisch praktizieren, so wie Sie ein Hemd zuknöpfen oder sich die Schuhe zubinden. Sie sollte so natürlich wie das Atmen sein. Wie ein Straßenschild im nördlichen Teil des Bundesstaats New York es ausdrückt: »Wählen Sie die ausgefahrene Spur sorgfältig, Sie werden die nächsten zehn Meilen drinstecken.«

Nichts ist erfolgreicher als Erfolg
Mit wem würden Sie lieber Zeit verbringen?

- Mit jemandem, der pessimistisch, misstrauisch, mürrisch und stets sicher ist, dass die kleinste Wolke am Himmel einen Sturm ankündigt?
- Mit jemandem, der optimistisch, zuversichtlich, gesellig und stets in der Lage ist, ein Problem anzupacken, eine Lösung zu finden, und den größten Nutzen zu erzielen?

Es liegt auf der Hand, dass PME es Ihnen ermöglicht, Freundschaften aufzubauen und mit anderen an einem Strang zu ziehen, um jedes Hindernis zu überwinden und Probleme in Chancen zu verwandeln.

Uns alle steuern unsere Angewohnheiten. Ob Ihre Angewohnheiten und deren Auswirkungen positiv oder negativ sind, hängt davon ab, welche Wahl Sie treffen. Sie können sich dafür entscheiden, Ihren Geist von negativen Gedanken beherrschen zu lassen. Sie können sich aber auch bewusst dazu entschließen, alle auftauchenden negativen Vorstellungen und Impulse durch positive zu ersetzen. Positive Angewohnheiten werden Ihren Verstand automatisch beeinflussen, sodass Sie geistig wacher sein werden; Ihre Fantasie wird aktiviert, Ihr Enthusiasmus und Ihre Willenskraft werden zunehmen.

PME zieht positive Effekte an wie ein Magnet Eisenspäne. PME wird Ihnen Menschen, Erfolg und Wohlstand näherbringen. Denn eine optimistische Einstellung ist unwiderstehlich. PME schützt Sie vor Zweifeln und Hoffnungslosigkeit. Wenn Hürden in Ihrem Leben auftreten – und das passiert uns allen –, werden Sie nicht verzweifeln und sich nicht von den Umständen überwältigen lassen. PME lässt Sie in jeder Situation durchblicken, sodass Sie Widrigkeiten in persönliche Erfolge verwandeln können, indem Sie daraus lernen und dieses Wissen zu Ihrem Vorteil einsetzen.

PME ist die korrekte mentale Reaktion auf jeden Ihrer Sinnesreize. PME wird Sie bezüglich jeder Person und allen Umständen in Ihrem Leben angemessen einstimmen, sodass Sie richtig handeln oder reagieren. Ihr Verstand und Ihr Leben gehören Ihnen, und Sie können damit machen, was Sie wollen.

PME lehrt Sie, konstruktiv zu denken und zu handeln. Sie können PME einsetzen, um Ihre Wünsche wahr werden zu lassen.

Wenn Sie lernen, das Beste aus allem zu machen, werden Sie Chancen entdecken, wo andere nur ein Problem sehen. Sie handeln im Einklang mit der Philosophie des großen britischen Premierministers Benjamin Disraeli: »Wir sind nicht die Geschöpfe unserer Umstände, wir sind die Erschaffer unserer Umstände.«

Denken Sie sich für Ihr PME-Training einen *Selbstmotivator* aus, ein für Sie wichtiges Wort oder einen bedeutsamen Satz, um sich so daran zu erinnern, dass Sie sich PME und Ihren eigenen Zielen verschrieben haben. Indem Sie sich diesen Selbstmotivator immer wieder ins Gedächtnis rufen – besonders dann, wenn Sie PME wirklich brauchen –, stärken Sie Ihre Entschlusskraft, um angemessen zu handeln.

Einen Selbstmotivator wählen

Wählen Sie einen Selbstmotivator, der PME in Ihrem Leben verankert. Wenn Sie eine bestimmte Einstellung überwinden wollen, können Sie mit Ihrem Selbstmotivator an diesem Problem arbeiten.

Da Ihr Selbstmotivator zu einem festen Bestandteil Ihres Lebens werden soll, denken Sie sich einen aus, der Ihre tiefsten Überzeugungen reflektiert. Das wird Sie inspirieren, stets im Einklang mit diesen zu handeln. Es geht darum, zu einer *stimmigen* Person zu werden – sodass die Person, die Sie behaupten zu sein, mit der Person übereinstimmt, die Sie tatsächlich sind.

Einige Vorschläge:

- Behandeln Sie andere so, wie Sie selbst behandelt werden wollen.
- Ich fühle mich gesund, ich fühle mich glücklich, ich fühle mich wunderbar.
- Tu es jetzt!
- Was ich mir vorstellen und woran ich glauben kann, kann ich erreichen.
- Jedes Problem enthält auch den Samen für seine eigene Lösung.
- *Wie*, nicht ob.
- Einen Sieg erringt man in Zentimetern, nicht in Kilometern.
- Ich kann. Ich werde.

Wiederholen Sie Ihren Selbstmotivator, indem Sie ihn mehrere Male am Tag laut aussprechen.

Sagen Sie ihn 50-mal gefühlvoll auf, bevor Sie schlafen gehen. Schreiben Sie ihn auf einen Zettel und hängen Sie ihn gut sichtbar auf: am Spiegel im Badezimmer, auf dem Armaturenbrett Ihres Autos, auf dem Kalender auf Ihrem Schreibtisch, an der Tür des Kühlschranks, und legen Sie einen Zettel in Ihren Geldbeutel. Je öfter Sie ihn wiederholen, desto mehr wird dieser Selbstmotivator mit den Werten, die er zum Ausdruck bringt, zu einer festen Angewohnheit.

MENSCHEN, DIE PME MIT LEBEN FÜLLTEN

Viele Menschen haben zur Entwicklung und Verfeinerung des PME-Konzepts beigetragen. William James (1842 bis 1910), ein Absolvent der Harvard Medical School, der auch an dieser Universität Anatomie, Physiologie, Psychologie und Philosophie unterrichtete, entwickelte das Denkmodell des *Pragmatismus* mit. Gemäß den Ideen des Pragmatismus zählen die Ergebnisse. Ein Gedanke löst eine Handlung aus. Wenn ein Gedanke nicht zu praktischen Handlungen führt, ist er nicht nützlich. James schrieb: »Haben Sie keine Angst vor dem Leben, glauben Sie, dass das Leben lebenswert ist. Und dieser Glaube wird zur Tatsache.«

James' Zeitgenossen schätzten seine Theorie und er gewann viele Anhänger. Er war überzeugt, dass das Leben ein Kampf zwischen Pessimismus und Optimismus ist. James wehrte sich vehement gegen negatives Denken. »Es lässt uns scheitern und zweifeln«, sagte er. James zufolge ist das Universum voller *Möglichkeiten*. Menschen können sich selbst enorm verbessern, wenn sie nur ihre Augen öffnen und die Kraft ihres Verstands nutzen.

James glaubte, jeder von uns entscheidet selbst über seine Zukunft, er war der Ansicht: »Wir werden das, worüber wir am meisten nachdenken. Die größte Revolution unserer Generation ist, zu begreifen, dass Menschen ihre Lebensumstände ändern können, indem sie ihre innere Einstellung ändern.«

Napoleon Hill (1883 bis 1970) entwickelte das PME-Konzept weiter. Hill verstand es als seine Lebensaufgabe, erfolgreiche Menschen zu interviewen. Daraus leitete er 17 Prinzipien ab, aus denen er die erste praktisch anwendbare Philosophie des persönlichen Erfolgs zusammenstellte. Hill erläuterte diese Prinzipien in verschiedenen Büchern, etwa *Das Gesetz des Erfolgs*, *Think and Grow Rich* und in vielen weiteren Selbsthilfebüchern. Hill stieß immer wieder darauf, dass alle seine Interviewpartner über eine Positive Mentale Einstellung verfügten. Über einen von ihnen hielt er fest: »Andrew Carnegie war besessen. Er glaubte, alles im Leben, was sich zu besitzen lohnte, war es auch wert, dass man dafür arbeitete. Ich glaube, alles im Leben, was sich zu besitzen lohnt und wofür es sich zu arbeiten lohnt, ist es auch wert, dass man dafür bezahlt.«

Willye White, olympische Silbermedaillengewinnerin, glaubt das ebenfalls. Sie steht hinter dem Robert Taylor Holmes Girls Athletic Program in Chicago. Das Programm ermöglicht 2500 Mädchen aus Sozialwohnungen im Süden Chicagos, ihr Selbstvertrauen durch Sport zu steigern. Wenn die Mädchen White fragen, wie sie diesem Leben entfliehen können, sagt sie ihnen: »Es gibt verschiedene Wege. Aber meine Frage an euch ist: Welchen Preis seid ihr bereit, für eure Träume zu bezahlen? Ein Traum ohne einen Plan ist nur ein Wunsch!« (Der Selbstmotivator dieser Mädchen lautet: GLAUBE DARAN, ERREICHE ES!)

W. Clement Stone, ein Mann, mit dem ich fast 50 Jahre zusammengearbeitet habe, der auch ein herausragender zeitgenössischer Autor ist, der durch die Anwendung von Hills Prinzipien großen Reichtum für sich und andere erlangte, kam auf eine erstaunliche Weisheit, als er (gemeinsam mit Napoleon Hill) das Buch *Mit positivem Denken zum Erfolg* verfasste. Die Essenz seiner Erkenntnis lautet: Die Grundprinzipien des Erfolges sind nützlich, um lohnende Ziele zu erreichen, aber nur wenn sie konstant verstärkt und durch eine positive mentale Einstellung wieder aufgeladen werden.

Dieses Prinzip wurde zum Grundstein von Stones Philosophie und zum übergreifenden Thema seiner Bücher. Die Bühne war bereitet und PME stand im Rampenlicht. Wie Sie anhand der Beispiele in diesem Buch sehen werden, setzen alle beständig erfolgreichen Menschen auf PME.

WAS IST PME?

PME steht für Positive Mentale Einstellung, aber PME ist mehr als nur eine optimistische Lebensperspektive. Wenn Sie es ergründen und korrekt anwenden, werden Sie sehen, dass es sich um einen Prozess mit diesen vier Stufen handelt:

1. eine ehrliche und ausgeglichene Denkweise;
2. Erfolgsbewusstsein;
3. eine ganzheitliche Philosophie des Lebens; und
4. die Fähigkeit, Pläne mittels geeigneter Handlungen und Reaktionen umzusetzen.

So definierte Napoleon Hill eine positive mentale Einstellung: Sie ist »ein selbstbewusster, aufrichtiger, konstruktiver Geisteszustand, den ein Mensch durch selbst gewählte Methoden erzeugt und beibehält. Dabei setzt er seinen Willen ein, der auf seinen persönlichen Motiven basiert«.

W. Clement Stone fügte hinzu: »Eine positive mentale Einstellung zu haben bedeutet, in einer gegebenen Situation oder unter bestimmten Umständen *angemessen* aufrichtig zu denken, handeln oder zu reagieren. Das heißt, wer sich PME bedient, verstößt mit seinen Gedanken, Handlungen und Reaktionen nicht gegen die Gesetze Gottes oder die Rechte seiner Mitmenschen.«

Stone erklärte des Weiteren: »Sie sind das Produkt der Vererbung, der Umwelt, Ihres physischen Körpers, Ihres Bewusstseins und Unterbewusstseins, einer bestimmten Position in Zeit und Raum, und zudem noch anderer Einflüsse, z. B. bekannter sowie unbekannter Kräfte. Wenn Sie PME gemäß denken, können Sie einzelne oder auch alle diese Faktoren beeinflussen, nutzen, kontrollieren, sich damit in Einklang bringen oder sie neutralisieren. Sie können Ihre Gedanken steuern, Ihre Emotionen kontrollieren und Ihr Schicksal bestimmen. Sie sind ein Geist in einem Körper.«

Was also ist PME? Betrachten wir einmal die Bedeutung dieser drei Wörter, die das Konzept PME beschreiben:

POSITIV. PME ist eine Macht oder Kraft, die mit positiven Eigenschaften wie Ehrlichkeit, Glaube, Liebe, Integrität, Hoffnung, Optimismus, Mut, Initiative, Großzügigkeit, Aufrichtigkeit, Freundlichkeit und gesundem Menschenverstand einhergeht.

MENTAL. PME ist eine Geisteskraft, nicht eine Kraft Ihres Körpers. Denken Sie daran: »Sie sind ein Geist in einem Körper.« Ihr Geist übt die Kontrolle aus.

EINSTELLUNG. PME hängt von der richtigen Einstellung ab, die sich aus Gefühlen oder Stimmungen ergibt. Ihre Einstellung bezieht sich auf Ihre grundlegende Haltung gegenüber sich selbst, einer anderen Person, Situation, bestimmten Umständen oder einer Sache.

Die drei Anfangsbuchstaben – PME – stehen für den Begriff Positive Mentale Einstellung, der Klebstoff, der all Ihre positiven Eigenschaften verbindet, die Kraftquelle, die es Ihnen ermöglicht, ein Mensch zu sein, der alles erreichen kann, solange das, was Sie verlangen oder tun, nicht die Gesetze Gottes oder die Rechte anderer Menschen beeinträchtigt. Einfach ausgedrückt, ist eine Positive Mentale Einstellung der Geisteszustand, der unweigerlich zu den richtigen Aktionen und Reaktionen führt.

PME dient uns als Stabilisator, um alle Stürme des Lebens erfolgreich zu umschiffen. Auf einem Schiff ist ein Stabilisator eine Art Stoßdämpfer, eine Art Gyroskop, der das Schiff bei rauer See ruhig im Wasser verbleiben lässt. Ich erinnere mich an eine Fahrt auf stürmischer See, die jedoch aufgrund des Schiffsstabilisators durchaus angenehm und gar nicht unbequem war. Bei einer anderen ähnlichen Reise vor vielen Jahren hatte das Schiff keinen Stabilisator, es herrschte rauer Seegang, und das machte sich voll bemerkbar. Jeder Stabilisator, ob es ein Gyroskop ist oder ein anderes Gerät, nutzt nichts, wenn er nicht eingesetzt wird.

Und genauso ist es mit PME. Es gilt, sie zu entwickeln und zu nutzen. Menschen, die gegenüber dem Leben und der Arbeit nicht positiv eingestellt sind, werden unglücklich. Manche entwickeln sogar psychosomatische Krankheiten oder erleiden einen Nervenzusammenbruch, weil ihre turbulenten Lebensumstände sie überwältigen. So bringen sie auch ihren Mitarbeitern und geliebten Menschen Leid.

Indem Sie positive Gedanken fördern und negative Gedanken ausmerzen, nutzen Sie einen effizienten, natürlichen Stabilisator, der jedem mechanischen Gyroskop weit überlegen ist. Sie besitzen die Macht, Ihre Gedanken zu steuern, Ihre Emotionen zu kontrollieren und damit Ihr Schicksal zu bestimmen.

SO GEHT'S: DIE ZEHN SCHRITTE ZU PME

Machen Sie sich nun mit einer einfachen Zehn-Schritte-Formel hin zur Positiven Mentalen Einstellung vertraut. Diese zehn Schritte werden Sie nicht einfach nur PME lehren, sondern Sie auch ermutigen, diese in der Praxis anzuwenden, und auf diese Weise PME zu einem Teil Ihres Lebens zu machen. Ein chinesisches Sprichwort über das Lernen lautet: »Ich höre, und ich vergesse. Ich sehe, und ich erinnere mich. Ich tue, und ich verstehe es.«

Die zehn Schritte hin zu PME erfordern mehr als nur zuzuhören und etwas zu sehen – Sie müssen aktiv werden! Wenn Sie sich an die folgenden Regeln halten, werden Sie sich PME aneignen. Die zehn Schritte sind miteinander verknüpft und jeder Schritt stärkt den anderen. Überlegen Sie einmal, sämtliche englischen Werke der Literatur bestehen aus nur 26 Buchstaben. Jede erdenkliche Musik wird aus nur zwölf Noten komponiert, sämtliche Farben aus nur drei Primärfarben zusammengemischt. Denken Sie einmal darüber nach! So viel entsteht aus so wenig. Wenn Sie einen Buchstaben aus einem Satz entfernen, was passiert dann? Was wäre, wenn Sie zum Beispiel, den Vokal »a« aus diesem Buch wegnehmen? Wenn nur eine Note in einem Konzert eliminiert wird, wird aus einer Harmonie Disharmonie. Wenn nur eine der drei Primärfarben Rot, Blau oder Gelb fehlt, werden Sie nicht die Farben zur Verfügung haben, die Sie brauchen. Wenn Sie all die Zahlen für das Kombinationsschloss an einem Safe besitzen, aber eine davon fehlt, können Sie den Safe nicht öffnen. Es ist daher erforderlich, dass Sie alle zehn Schritte hin zu PME lernen und anwenden.

Diese zehn Schritte sind das Herzstück – sie sind die Schlüssel fürs »Learning by Doing«. Zu jedem Schritt gehört ein »LEARNING-BY-DOING«-Vorschlag, der Ihnen helfen wird, diesen besonderen Schritt zu einem Teil Ihres mentalen Rüstzeugs zu machen. Jeder Schritt beinhaltet auch einen kurzen SELBSTTEST. Diese Tests werden nicht bewertet, aber sie fordern Sie dazu heraus, Ihr eigenes Denken in Bezug auf PME zu überprüfen und Ihre Vorstellung davon, wie Sie diese Einstellung in Ihrem Leben anwenden können, zu erweitern. Am Ende jedes Schrittes lesen Sie auch einige »WORTE DER WEISEN« – inspirierende Kommentare anderer Menschen, die den Wert von PME erkannt haben. Ein spezieller Bonustipp gibt Ihnen zudem eine konkrete Anleitung, durch die PME auch bei Ihnen wirken kann.

Wie Sie diese zehn Schritte hin zu PME umsetzen, liegt natürlich ganz bei Ihnen. Dennoch lesen Sie hier ein paar Tipps, wie Sie es richtig machen:

1. Lesen Sie zuerst alle zehn Schritte.
2. Konzentrieren Sie sich jeden Tag auf einen einzelnen Schritt, zehn Tage lang. Dadurch fließen die Schritte in Ihre Alltagsroutine ein.
3. Wiederholen Sie diesen Zyklus. Wiederholung ist ein wichtiger Aspekt des Lernens. Daher empfiehlt es sich, diese zehn Schritte wieder und wieder durchzugehen, bis Sie sie auswendig beherrschen und anwenden können.

Alternativ können Sie sich auch eine Woche lang mit jedem dieser Schritte beschäftigen und seine praktische Anwendung in Ihren Alltag einbauen. Nach zehn Wochen werden Sie mit Ihrer Positiven Mentalen Einstellung ein großes Stück weitergekommen sein. Sie werden zum Experten auf diesem Gebiet geworden sein und wissen, wie Sie PME für sich selbst und gegenüber jeder Person, in jeder Situation und bei jedem Ereignis in Ihrem Leben nutzen.

DER WEITERFÜHRENDE NUTZEN VON PME

Neben dem Nutzen, den PME Ihnen grundsätzlich bringen wird, werden Sie durch diese Methode eine neue, wunderbare Person entdecken, die in Ihnen schlummert. Sie werden Ihr glücklicheres, inspirierendes Selbst entdecken. Auf diesem Weg entwickeln und behalten Sie jederzeit eine positive Einstellung, selbst wenn Sie auf Schwierigkeiten stoßen. W. Clement Stone äußert dazu: »Immer, wenn ich beruflich oder anderweitig auf ein Problem treffe, sage ich mir: ›Das ist gut‹, um mich dann zu fragen: ›Was ist so gut daran?‹ Und dann finde ich heraus, wie ich diesen Nachteil in einen Vorteil verwandeln kann.«

Falls jemand mit einem gravierenden Problem zu tun haben sollte, kann er sich überaus glücklich schätzen, wenn er der PME-Philosophie folgt. Dank PME wird sich Ihr Problem als ein versteckter Segen erweisen. Bekanntlich gab es noch nie einen wahrlich erfolgreichen Menschen, der nicht auf sein Leben geblickt und darin eine Periode gesehen hat, die ihn mit einem ernsten Problem konfrontiert hat, das er besonnen lösen musste. Falls Sie ein gravierendes Problem haben, halten Sie es momentan vielleicht für großes Pech. Aber einer der besten Selbstmotivationssprüche – den ich zutiefst empfehle – lautet: »Jede Widrigkeit beinhaltet den Samen eines gleich großen oder noch größeren Nutzens.« Anders ausgedrückt: »In jedem Nachteil steckt auch ein Vorteil.«

Durch PME werden Sie eine inspirierende Methode erlernen, alles für Sie Erstrebenswerte im Leben erreichen zu können. Dazu müssen Sie sich nur ganz auf PME einlassen. Egal wie seltsam sich diese Denkweise anfangs anfühlen mag – je mehr Sie diese in die Praxis umsetzen, desto mehr werden Sie dafür belohnt.

Am besten fangen Sie gleich damit an.

KAPITEL 1

SCHRITT EINS: NUTZEN SIE FEST ENTSCHLOSSEN IHREN VERSTAND

Nur ein einziger Weg führt zu PME: Sie müssen Ihren Verstand *fest entschlossen* nutzen. Ihr Verstand ist eines der größten Wunder des Universums. Der Astronom, Mathematiker und Physiker Freeman Dyson sagt über den Verstand:

> »Es ist erstaunlich, wie unser Verstand unser Bewusstsein der Natur auf zwei verschiedenen Ebenen angeht. Auf der höchsten Ebene, der des menschlichen Bewusstseins, ist unser Verstand mit dem komplizierten Fluss elektrischer und chemischer Muster in unserem Gehirn verbunden. Auf der niedrigsten Ebene, der der einzelnen Atome und Elektronen, beteiligt sich der Verstand eines Beobachters an der Beschreibung von Ereignissen. Dazwischen liegt die Ebene ... in der mechanische Modelle ansetzen und der Verstand irrelevant zu sein scheint. Ich als Physiker vermute eine logische Verbindung zwischen diesen beiden

Wirkungsweisen des menschlichen Verstands, wie er in meinem Universum erscheint …

Ich fühle mich in diesem Universum nicht wie ein Außerirdischer. Je mehr ich das Universum betrachte und die Details seiner Architektur studiere, desto mehr Belege finde ich dafür, dass das Universum auf irgendeine Weise geahnt haben muss, dass wir auf der Bildfläche erscheinen.«

Dyson glaubt, dass der Geist das Universum durchdringt und sowohl auf der Ebene der kleinsten Dinge und der größten Dinge in Erscheinung tritt, in der Aktivität der Elektronen und in der Aktivität der Menschen. An dem Punkt, an dem Universum und Verstand zusammentreffen, wo die kleinsten Dinge sich mit den größten Dingen verbinden, können Sie die Kontrolle über Ihr Leben und Ihr Umfeld übernehmen.

Erinnern Sie sich an das, was W. Clement Stone beobachtet hat: Sie sind ein Geist mit einem Körper. Sie können Ihre Gedanken steuern, Ihre Emotionen kontrollieren und Ihr Schicksal bestimmen. William James war sich der Macht bewusst, die in jedem Menschen steckt. Ich erinnere Sie an seine Überzeugung: »Wir werden zu dem, worüber wir am meisten nachdenken.«

Jeder Mensch verfügt über diesen gleichen, wundersamen Schatz – ein Gehirn und ein Nervensystem. Jede »normale« Person (normal im breitesten Sinn des Wortes) bringt von Geburt an die Kraft mit, im Prinzip alles im Leben zu erreichen, was jemand anderes geschafft hat oder in diesem Moment erzielt. Ihre Leidenschaften, Emotionen, Instinkte, Neigungen, Gefühle, Stimmungen, Einstellungen und Angewohnheiten unterstehen alle Ihrem Willen, der sie auf ein bestimmtes Ziel hinsteuert. Wie Sie diese einsetzen, liegt an Ihnen. Wie bei allen natürlichen Kräften hat jede dieser latenten Fähigkeiten das Potenzial zum Guten, aber man kann sie positiv, neutral oder negativ einsetzen.

Bei der Geburt sind diese Kräfte nur latent vorhanden. Sie sind wie neues Werkzeug in einem Baumarkt – poliert und glänzend, bereit, eingesetzt zu werden, aber außerstande, allein etwas zu bewirken. Sie erfordern einen Menschen, der sie einsetzt. Während sich das neugeborene Kind zu einem Erwachsenen entwickelt, zeigen sich die Funktionen seines Verstandes in Gedanken und Taten. Manchmal bleiben diese Funktionen aufgrund von Unwissenheit, Angst oder einem anderen negativen Einfluss ungenutzt und schlafen sozusagen ein.

Aber egal was Sie bisher im Leben getan haben, Sie haben immer noch die Macht und die Fähigkeit, diese mentalen Werkzeuge effektiv und effizient einzusetzen. Sie können sie steuern, kontrollieren, neutralisieren und harmonisieren, indem Sie eine positive mentale Einstellung entwickeln.

Ihr Gehirn hat zehn Milliarden Zellen – mehr oder weniger –, zweimal so viel, wie es Menschen auf der Welt gibt. Diese Zellen sind alle miteinander verbunden, und jede von ihnen steht Ihnen zu Diensten. Doch nicht einmal die intelligentesten Menschen schaffen es, diese verfügbare Macht vollständig einzusetzen. Viele der bedeutendsten Personen der Geschichte verfügten nicht über einen überdurchschnittlichen IQ. Ihre Leistungen und Größe beruhten auf ihrer Fähigkeit, ihre mentalen Kräfte zu nutzen und zu steuern. Sie hatten einen herausragenden PME-Quotienten! Sie haben unbegrenzte mentale Kapazitäten, aber es liegt an Ihnen, diese mentale Macht zu nutzen und positiv zu denken, sodass diese Kräfte des Geistes zu Ihrem Vorteil wirken.

LEARNING BY DOING

NUTZEN SIE FEST ENTSCHLOSSEN IHREN VERSTAND

Anmerkung: Das ist die erste der praktischen Übungen in diesem Buch. Nehmen Sie sich die Zeit, die Übungen für alle zehn Schritte immer wieder durchzugehen.

Schreiben Sie das folgende »Glaubensbekenntnis« ab und platzieren Sie es dort, wo Sie es mit Sicherheit als Erstes am Morgen sehen, etwa am Badezimmerspiegel oder an Ihrer Schranktür. Sprechen Sie es nicht erst dann aus, wenn Sie es glauben – sprechen Sie es aus, damit Sie es glauben.

Ich glaube, mein Verstand gehört nur mir.

Ich glaube, dass ich meinen eigenen Verstand nach meinem Willen nutzen kann.

Ich glaube, dass ich meine Emotionen, Stimmungen, Gefühle, meinen Intellekt, meine Neigungen, Einstellungen, Leidenschaften und meine Angewohnheiten steuern und kontrollieren kann, um eine positive mentale Einstellung zu entwickeln.

Ich werde eine positive mentale Einstellung entwickeln.

Die Hingabe des Gewinners

Der America's Cup ist die prestigeträchtigste Segelregatta der Welt. Man spricht vom America's Cup, weil Mannschaften aus den Vereinigten Staaten ihn 138 Jahre lang gewannen. Doch 1983 verblüfften die Australier die Welt, indem sie als Sieger aus dem Cup hervorgingen.

Dennis Conner war der Captain der amerikanischen Segeljacht, die in jenem Jahr verlor. Aber vier Jahre später holten er und seine Crew an Bord des Segelschiffs *Stars & Stripes* den America's Cup zurück in die Vereinigten Staaten. Um das zu erreichen, musste Connor gegen enorme Widerstände ankämpfen, unter anderem gegen die öffentliche Meinung, er sei der Mann, der überhaupt jemals den America's Cup verloren hatte.

Connors Leistung basierte auf etwas, das er »die Verpflichtung, sich zu verpflichten« nannte. Es war die absolute Hingabe, sein Ziel zu erreichen, durch die er seine ganze Energie darauf konzentrieren konnte, das richtige Boot zu bauen und die richtige Sieger-Crew zusammenzustellen. »Sobald man sich zu dieser Hingabe verpflichtet«, sagt Connor »konzentriert man sich auf diese eine Handlung. Es gibt dann dieses eine vorrangige Ereignis im Mittelpunkt der Bühne, und alles andere im Leben wird zweitrangig.«

Verpflichten Sie sich noch heute der Verpflichtung, sich PME in Ihrem Leben anzueignen.

Selbsttest

Beantworten Sie die folgenden Fragen ehrlich:

1. Sie stehen kurz vor einem Termin mit Ihrem Chef, um über eine Gehaltserhöhung zu sprechen. Wie verbringen Sie die halbe Stunde davor?

a) Sie reden mit Kollegen, um sich von dem wichtigen Ereignis abzulenken.
b) Sie gehen noch einmal im Kopf die anstehenden Herausforderungen durch und überlegen sich, anzudeuten, dass Sie kündigen werden, falls Sie nicht die gewünschte Gehaltserhöhung bekommen.
c) Sie gehen noch einmal im Kopf durch, welche Erfolge Sie in den letzten Jahren verbuchen konnten, wie Sie dadurch dem Unternehmen geholfen haben und welche Pläne Sie haben, um im kommenden Jahr darauf aufzubauen.

2. Ihre Tochter hat ein Zeugnis nach Hause gebracht, das ihr Probleme in einem bestimmten Schulfach bescheinigt. Wie reagieren Sie darauf?

a) Sie sagen ihr: »Ich hatte dieselben Probleme und es ist gut ausgegangen. Mach dir keine Sorgen darüber.«
b) Sie weisen sie an, jeden Abend eine Extrastunde an diesem Schulfach zu arbeiten, und dass sie erst wieder Freizeitaktivitäten unternehmen darf, wenn ihre Noten sich verbessern.
c) Sie sagen ihr, dass es gut sei, die eigenen Schwachstellen zu kennen, bevor sie zu größeren Problemen werden. Sie bieten ihr an, sich gemeinsam ihre erledigten Hausaufgaben

anzusehen, denn Sie wissen, dass sie mit ein bisschen mehr Mühe auch ein schwieriges Schulfach begreifen *kann*.

3. Ihr Nachbar hat sich einen jungen Hund gekauft, der gerne Ihren Garten umgräbt. Wie reagieren Sie darauf?

a) Sie grinsen und sagen: »Ist das nicht süß?«
b) Sie drohen damit, den Hundefänger zu rufen, wenn Sie den Hund jemals wieder in Ihrem Garten sehen.
c) Sie erzählen Ihrem Nachbarn, was passiert ist, schlagen vor, dass diese schlechte Angewohnheit beseitigt werden sollte, bevor der Welpe wirklich Ärger macht, und fragen, ob Sie irgendwie dabei helfen können.

4. Sie haben gerade erst Ihr Unternehmen gegründet und ein Konkurrent unterbietet Ihre Preise. Was tun Sie?

a) Sie beschließen, mit allen Mitteln zu kämpfen.
b) Sie sagen Ihren Kunden, dass die Konkurrenz nur kurzfristig den eigenen Gewinn schmälert und die Preise erhöhen wird, sobald Sie selbst aus dem Markt gedrängt wurden.
c) Sie behalten Ihre Preise bei, aber bieten einen besseren Service an als Ihre Konkurrenz, während Sie gleichzeitig alles für Ihre Kunden tun, damit sie Ihre Wertschätzung erkennen.

In jeder der obigen Situationen weist die Antwort »a« darauf hin, dass man versucht, ein potenzielles Problem zu ignorieren oder dass man eine Gelegenheit verstreichen lässt. Das ist keine Reaktion im Sinne von PME, denn so nehmen Sie eine Situation als etwas hin, auf das sie keinen Einfluss ausüben können. PME zu nutzen impliziert, dass Sie Ihre Reaktion auf eine Situation, sei sie gut oder schlecht, als eines Ihrer wirkungsvollsten Mittel zum Erfolg begreifen.

Antworten unter »b« sind das Gegenteil von PME. In jedem einzelnen Fall konzentrieren Sie sich dabei auf die negativen Aspekte der Situation und bereiten sich mental auf Konflikt und Ärger vor. Meistens geben Sie damit auch der anderen Person zu verstehen, dass sie diejenige ist, die Ihnen Konflikte und Ärger bereitet. Eine Reaktion im Sinne von PME ignoriert nicht, was in einer bestimmten Situation falsch läuft, sondern realisiert, dass die beste Reaktion darin besteht, nach Lösungen zu suchen und nicht nach weiteren Problemen.

Antworten unter »c« stellen eine Reaktion im Sinne von PME dar. Sie bereitet Sie mental darauf vor, dass alles gut gehen wird. Und Sie geben damit auch anderen Menschen zu verstehen, dass Sie einen positiven Ausgang erwarten. Indem Sie so reagieren, ignorieren Sie Schwierigkeiten nicht, sondern verhindern Probleme von vornherein. Eine solche Reaktion erfordert meistens Ihre sofortige Aktion, aber auf lange Sicht wird es weniger Aufwand sein, als das Problem zu verschlimmern, indem Sie es ignorieren oder Spannungen vergrößern.

Bonus: Wenn Sie in Ihrem Alltag auf Umstände, Personen oder Situationen treffen, die Ihre positive mentale Einstellung gefährden, nutzen Sie diesen kurzen Satz, um sich wieder auf Ihr Ziel auszurichten:

Mein Verstand gehört mir. Ich nutze ihn!

Worte der Weisen

»Alles, worauf deine Hand nur stößt, vollführe mit Kraft!«

PREDIGER 9,10

»Wenn du dich von irgendetwas Externem unter Druck setzen lässt, besteht der Schmerz nicht in dem Ding selbst, sondern in deiner Einschätzung davon. Und du hast die Macht, diese jederzeit zu widerrufen.«

MARKUS AURELIUS

»Was immer du tun kannst oder träumst, es zu können, fang damit an! Mut hat Genie, Kraft und Zauber in sich.«

JOHANN WOLFGANG VON GOETHE

»Umstände – was sind Umstände? Ich schaffe die Umstände.«

NAPOLEON

»Menschen sind geboren, Erfolg zu haben, nicht zu scheitern.«

HENRY DAVID THOREAU

»Denke immer daran, dass dein Entschluss, Erfolg zu haben, wichtiger ist als alles andere.«

ABRAHAM LINCOLN

»Schicksal ist keine Frage des Zufalls, es ist eine Frage der Entscheidung. Es ist nichts, worauf man wartet, es ist etwas, das man erreicht.«

WILLIAM JENNINGS BRYAN

»Es ist eine seltsame Sache mit dem Leben. Wenn man sich weigert, irgendetwas außer dem Besten zu akzeptieren, erhält man oft genau das.«

W. SOMERSET MAUGHAM

»In letzter Analyse besteht unsere einzige Freiheit darin, uns selbst zu disziplinieren.«

BERNARD BARUCH

»Die Zukunft gehört denjenigen, die an die Schönheit ihrer Träume glauben.«

ELEANOR ROOSEVELT

KAPITEL 2

SCHRITT ZWEI: KONZENTRIEREN SIE SICH AUF DAS, WAS SIE WOLLEN, ANSTATT AUF DAS, WAS SIE NICHT WOLLEN

Sobald Sie beschlossen haben, Ihren Verstand zu nutzen, sollten Sie ihn steuern. Dazu konzentrieren Sie sich auf all das, was Sie wollen, anstatt auf das, was Sie nicht wollen.

»Ein Bild sagt mehr als tausend Worte«, so lautet ein altes Sprichwort. Der Großteil unserer Gedanken ist in Worte gekleidet, aber die Dinge, die uns zutiefst motivieren, treten in unserem Verstand als Bilder auf, nicht in Worten. Wenn Ihnen eine Idee kommt, geschieht das eher als ein Bild von einem Ereignis, statt als gedachter Satz. Bilder sind eine unmittelbare und kraftvolle Art zu denken.

Die Fähigkeit Ihres Verstandes, visuell zu denken, liegt auf einer weit älteren, tieferen Ebene als sein sprachliches Vermögen. Die menschliche Fähigkeit zur Sprache entwickelte sich erst vor relativ kurzer Zeit. Bilder sprechen auf direkte, elementare Weise

Ihre Emotionen und Gefühle an, während Worte nur indirekte Wirkung haben. Worte müssen zuerst in Bilder übersetzt werden, bevor die tiefsten Ebenen Ihres Verstandes sie annehmen können und dadurch verändert werden.

Sie sollten daher lernen, Ihre Gedanken zu disziplinieren und Ihre Ziele sowie die positiven Eigenschaften, die Sie sich aneignen wollen, zu visualisieren. Nehmen wir zum Beispiel an, dass Sie Ihre Durchsetzungskraft verbessern wollen. Geben Sie sich nicht damit zufrieden, nur zu sagen: »Ich muss mit mehr Nachdruck auftreten.« Stellen Sie sich stattdessen vor, wie Sie wirken würden, wenn Sie nachdrücklicher wären. Wie würde Ihre Mimik aussehen? Wie würden Sie das in Ihrer Körperhaltung zum Ausdruck bringen?

Sie können sich selbst darauf trainieren, mit guten, heilsamen, ehrlichen und gesunden visuellen Vorstellungen auf jede Situation, Person und jeden Umstand zu reagieren. Wenn Sie das Gute in einem anderen Menschen real und greifbar visualisieren, werden Sie es sicher erleben. Indem Sie sich (gedanklich) vorstellen, dass eine Situation einen positiven Ausgang nimmt, bewegen Sie sich tatsächlich auf dieses Ziel zu.

Halten Sie sich diesen wahren Satz vor Augen: Bei jeder Widrigkeit, jedem Fehlschlag, jeder Niederlage, jedem Leid oder in jeder unangenehmen Situation (entweder selbst- oder anderweitig verschuldet), haben Sie die Möglichkeit, positiv zu reagieren. Suchet und ihr werdet finden. Sie können den Samen eines gleich großen oder sogar größeren Vorteils erkennen, einen Samen, der wachsen und tatsächlich einen größeren Nutzen oder größeren Segen hervorbringen wird – indem Sie dieses Ziel visualisieren.

Den Weg hin zu einer Positiven Mentalen Einstellung angesichts von Widrigkeiten beschreitet man, indem man sich klarmacht: Was geschehen ist, ist geschehen. Sie können die Vergangenheit nicht verändern, aber Sie können das beeinflussen, was in der Gegenwart und Zukunft geschieht. Sagen Sie sich: »Was immer passiert ist, dient zu meinem Besten, und das ist gut!« Finden Sie dann heraus, wie Sie aus dieser Erfahrung etwas Positives ziehen können.

In jeder Widrigkeit ...
Es mag manchmal schwer zu glauben sein, dass in jeder schlechten Neuigkeit auch eine gute Neuigkeit steckt, aber viele der heute erfolgreichsten Menschen haben diese Lektion verinnerlicht.

- Chuck Yeager war als Kampfpilot im Zweiten Weltkrieg über Frankreich im Einsatz, als sein Flugzeug abgeschossen wurde. Völlig auf sich gestellt, entkam er den deutschen Patrouillen und floh gemeinsam mit seinem Navigator über die Berge nach Spanien, wo sie schließlich in Sicherheit waren. Das Air Corps der Army hätte ihn nach diesem Erlebnis einfach nach Hause geschickt, aber Yeager weigerte sich zu gehen. »Ohne es wirklich zu realisieren«, so sagt er, »war ich dabei, mein Leben in die eigene Hand zu nehmen. Ich bezweifle, ob das Air Corps der Army nach dem Krieg an meinen Diensten interessiert gewesen wäre, hätte ich mich nach Hause schicken lassen.« Stattdessen wurde Yeager zum ersten Piloten, der schneller als Schallgeschwindigkeit flog.
- Terrie Williams war Sozialarbeiterin in einem Krankenhaus und arbeitete gerne mit Menschen zusammen. Allerdings sah sie sich von deren Problemen überwältigt und war daher bereit zu kündigen. Ihr wurde klar, dass sie weitaus lieber

gute Neuigkeiten verbreitete als schlechte. Und so gründete sie ein PR-Unternehmen, zu dessen Klienten bald Persönlichkeiten wie Miles Davis, Eddie Murphy und Jackie Joyner-Kersee gehörten. Sie wäre niemals zu einer der besten Publizistinnen des Landes geworden, wäre sie nicht mit der Enttäuschung konfrontiert gewesen, dass ihr zuerst gewählter Berufsweg in eine Sackgasse geraten war.

Schließen Sie die mentale Tür hinter sich und blenden Sie unangenehme Umstände oder Fehlschläge, die Sie in der Vergangenheit erfahren haben, einfach aus. Über Fehlschläge, Missgeschicke oder negative Gefühle gegenüber anderen nachzugrübeln, kann eine Situation nur verschlimmern. Lernen Sie, Ihre Enttäuschung in eine Inspiration zu wandeln.

Sich von Enttäuschungen inspirieren zu lassen, ist jene göttliche Unzufriedenheit, die im Verlauf der Menschheitsgeschichte alle wirklichen Fortschritte und Reformen hervorgebracht hat.

Inspirierende Enttäuschung kann uns so anstacheln, dass wir handeln. Sie motiviert Sie, aus Niederlagen zu lernen, Nachteile in Vorteile zu verwandeln und härter an Ihren Zielen zu arbeiten, egal auf welche Hindernisse Sie stoßen.

Bedenken Sie zum Beispiel diese wahre Geschichte eines Jungen, der in fast jeder Grundschulklasse sitzen geblieben war. Als Teenager schaffte er so gerade die Highschool. Als er dann im ersten Semester an der staatlichen Universität war, brach er das Studium ab. Das war allerdings von Vorteil, denn etwas rief in ihm inspirierende Unzufriedenheit hervor.

Er wusste, dass er das Zeug dazu hatte, erfolgreich zu sein. Und so wurde ihm klar, dass er sich mehr anstrengen musste, um die verlorene Zeit wiedergutzumachen. Mit dieser neugefundenen positiven mentalen Einstellung schrieb er sich an einem Junior College ein. Er arbeitete hart. Er bemühte sich, und als er sein Examenszeugnis entgegennahm, erhielt er die besondere Ehrung, als Zweitbester seines gesamten Jahrgangs abgeschlossen zu haben.

Aber dabei ließ er es nicht bewenden. Er bewarb sich, um an einer der führenden Universitäten des Landes aufgenommen zu werden, in der die Standards der wissenschaftlichen Ausbildung extrem hoch waren und in die man nicht so einfach hineingelangte. Aufgrund seiner positiven mentalen Einstellung und seiner Leistungen im Junior College wurde er zugelassen. Und auch dort leistete er Erstaunliches und war ein herausragender Student – denn jede Widrigkeit trägt in sich den Samen eines gleich großen oder sogar größeren Nutzens.

Konzentrieren Sie sich auf die Dinge, die Sie im Leben erreichen wollen oder die für Sie wichtig sind. Nutzen Sie Ihren Verstand und denken Sie zielgerichtet und optimistisch. Eignen Sie sich Ihren Verstand vollständig an und richten Sie ihn auf Ihre selbstgewählten mentalen Vorstellungen. Lassen Sie nicht zu, dass die Umstände oder andere Menschen Ihnen negative Bilder aufdrängen.

Denken Sie daran: Gestern ist für immer vergangen. Morgen kommt vielleicht niemals. Sie leben nur heute.

LEARNING BY DOING

KONZENTRIEREN SIE SICH AUF DAS, WAS SIE WOLLEN, ANSTATT AUF DAS, WAS SIE NICHT WOLLEN

In visuellen Begriffen statt in Worten zu denken ist manchmal schwierig. Diese Übung hilft Ihnen, sich etwas vorzustellen und vor Ihrem geistigen Auge zu fixieren:

Stellen Sie eine Liste von drei Dingen auf, die Sie sich wünschen. Eines davon sollte eine positive Eigenschaft sein, die Sie gerne entwickeln würden. Eines sollte eine Verbesserung in einer Beziehung zu einem nahestehenden Menschen sein. Und eines davon sollte etwas Materielles sein, das Sie sich wünschen. Nennen Sie Details!

Eigenschaft: ______________________________
Beziehung: ______________________________
Besitz: ______________________________

Denken Sie über jeden dieser Punkte nach. Überlegen Sie, wie Sie diese visuell darstellen können. Betrachten Sie alte Magazine oder Zeitungen, um sich bildliche Anregungen zu holen, die für Sie Ihre spezifische mentale Vorstellung symbolisieren.

Nutzen Sie Ihre kreative Vorstellungskraft für diese Übung. Die folgenden Vorschläge sind nur als Anregungen gedacht. Nehmen wir einmal an, »Großzügigkeit« sei Ihre ausgewählte Eigenschaft. Dann könnten Sie nach einem Bild von jemandem suchen, der die Hand offen ausgestreckt hält. Wenn Sie eine besondere Beziehung mit jemandem verbessern und Qualitätszeit mit ihm verbringen wollen, könnten Sie nach einem Bild mit einer Uhr darauf Ausschau halten. Und wenn das materielle Gut Ihrer Wahl ein Mercedes-Benz ist, suchen Sie nach einer Werbeanzeige für diesen Wagen und schneiden Sie das Bild aus.

Hängen Sie diese Bilder dort auf, wo Sie sie jeden Tag sehen. Nutzen Sie sie als visuelle Anregung, damit Ihr Verstand eine mentale Vorstellung der Eigenschaft, der verbesserten Beziehung und des materiellen Besitzes ausbilden kann. Und glauben Sie daran, das zu erhalten, was Sie sich wünschen!

Selbsttest

Beantworten Sie ehrlich die folgenden Fragen:

1. In Ihrem Beruf als Vertreter fahren Sie in eine Gegend, in der alle Kunden schlechte Erfahrungen mit Ihrem Vorgänger gemacht haben und daher zögern, mit Ihrem Unternehmen Geschäfte zu machen. Wie reagieren Sie?

a) Sie tun so, als hätte es nie Probleme gegeben.
b) Sie finden heraus, was bei jedem Kunden wirklich schiefgelaufen ist und schreiben einen detaillierten Bericht an Ihren Vorgesetzten über all die Probleme, mit denen Sie zu kämpfen haben, um Ihre schlechte Situation zu erläutern.
c) Sie finden heraus, was bei jedem Kunden wirklich schiefgelaufen ist und nutzen dieses Wissen, um zu gewährleisten, dass ab jetzt alles glattläuft und Ihre Kunden sich Ihres künftigen Einsatzes sicher sein können.

2. Ihr Sohn hatte einen Unfall mit dem Wagen und die Reparatur wird Tausende Dollar kosten. Wie reagieren Sie?

a) Sie seufzen und denken: Teenager. Zum Glück gibt es ja Versicherungen.
b) Sie verbieten ihm, jemals wieder zu fahren, und verpassen ihm für das nächste halbe Jahr Hausarrest.
c) Sagen Sie ihm, dass es in seiner Verantwortung liege, sich einen Job zu suchen, um für die Reparatur zu bezahlen, und er daraufhin das Auto wieder nutzen könne.

3. Sie arbeiten bei einer gemeinnützigen Organisation, welche die Mittel für einen örtlichen Wohlfahrtsverein sammeln will, indem sie einen Flohmarkt sponsert. Zwei Wochen vor der Veranstaltung haben Sie nur wenige Sachspenden erhalten. Was tun Sie?

a) Auf das Beste hoffen.
b) Den Wohlfahrtsverein anrufen, um ihm zu sagen, er solle nicht mit viel Geld rechnen. Sie rufen auch die anderen Mitglieder der Organisation an, um sie auf die Enttäuschung vorzubereiten, damit sie vorgewarnt sind.
c) Sie rufen potenzielle Spender an und erinnern sie daran, dass ihre Spenden der Gemeinde helfen werden. Sie fragen nach, ob Sie sie unterstützen können, indem Sie ihre Spenden abholen, und wann Sie vorbeikommen könnten.

4. Ihr Arzt sagt Ihnen, dass Sie grenzwertig hohen Blutdruck haben. Sie können Medikamente dagegen nehmen oder Ihren Lebensstil ändern, um ihn zu senken. Wie reagieren Sie?

a) Sie ignorieren den Ratschlag.
b) Sie nehmen die Medikamente, denn all die Ratschläge, was man essen und tun soll, ändern sich sowieso ständig. Außerdem hassen Sie es, irgendein bestimmtes Programm zu befolgen, weil Sie wissen, dass Sie sich sowieso nie daran halten werden.
c) Sie beginnen, Sport zu treiben, ernähren sich gesünder und nutzen Meditation und Visualisierungsübungen, um Stress abzubauen und sich darauf zu konzentrieren, gesünder und weniger gestresst zu leben.

Erneut sind die Antworten unter »a« eine schlechte Idee. Sie alle implizieren, dass wir unsere Probleme ignorieren, auch wenn wir wissen, dass sie da sind. Sie können sich einreden, es gäbe kein Problem, aber es ist immer noch da und wird Sie unvorbereitet treffen, falls es sich verschlimmert. PME ignoriert eine solche Situation nicht. Mit PME konzentrieren Sie sich auf positive Resultate, die möglich sind, weil Sie daran arbeiten.

Antworten unter »b« zeigen genau das Gegenteil von »a«. Sie reden sich und allen anderen ein, ein negatives Ergebnis sei sicher, und verschreiben sich diesem somit. Sie handeln nicht und verstärken Ihre Passivität, indem Sie sich einreden, zu handeln sei sowieso sinnlos. PME erfordert, in jeder Situation aktiv zu sein, und der erste Schritt dazu ist Ihre Einstellung.

Wenn Sie gemäß PME handeln, würden Sie Antwort »c« wählen. Sich darauf zu konzentrieren, eine ungünstige Situation zum Guten zu wenden, bedeutet nicht, sich ein Problem nicht einzugestehen. In jedem dieser Beispiele müssen Sie das Problem akzeptieren, um es zu korrigieren. Aber der Schlüssel hier ist, sich und oftmals auch anderen zu zeigen, dass Sie an eine Lösung glauben. Diese Lösungen sind oft umfangreicher als das ursprüngliche Problem.

So würden Sie im ersten Beispiel, indem Sie den Kunden Ihre Unterstützung zusichern, nicht nur die Abneigung gegenüber Ihrem Vorgänger überwinden, sondern sich auch als wertvoll für die Kunden und damit für Ihr Unternehmen erweisen. Im zweiten Beispiel bringen Sie Ihrem Sohn eine gute Lektion in puncto Verantwortung und Arbeit bei, indem Sie ihm ermöglichen, den Schaden wiedergutzumachen. Und Sie zeigen ihm damit, dass er einen Fehler beseitigen kann – so geben Sie ihm auch ein gutes Beispiel für PME mit.

Bei Frage drei konzentrieren Sie sich auf den Nutzen des Projekts und holen sich Unterstützer, um diesen Nutzen zu erreichen. Menschen sind gerne bereit, anderen zu helfen, und sie werden Sie nicht nur dafür respektieren, ihnen diese Gelegenheit zu bieten. Sie werden Sie auch als eine aktive Person anerkennen. Und bei Frage vier gehen Sie die Ursachen des Problems an, indem Sie Verantwortung für Ihre Gesundheit übernehmen und nicht einfach darüber hinweggehen. Selbst wenn Ihre Maßnahmen nicht ausreichen, um die Medikamente weglassen zu können, verbessern Sie dennoch Ihre Lebenssituation.

PME sorgt dafür, dass Sie sich auf positive Lösungen konzentrieren. Wenn Sie versuchen, stets lösungsorientiert zu handeln, entwickeln Sie eine förderliche Angewohnheit.

Bonus: Sie können die Macht der Visualisierung ebenfalls leicht nutzen, um nicht an Unerwünschtes zu denken. Wie bereits erwähnt, sollte man »seine geistigen Türen verschließen und unangenehme Erfahrungen oder Fehlschläge der Vergangenheit hinter sich lassen«. Nutzen Sie dies als visuellen Trigger für eine Vorstellung. Imaginieren Sie, wie Sie in einem langen Korridor mitten in Ihrem Gehirn stehen. In diesen Korridor führen viele Türen, und eine davon trägt die Aufschrift »Niederlagen und Fehlschläge«. Stellen Sie sich nun vor, wie Sie selbst entschlossen auf die Tür zugehen und einen großen Schlüssel aus der Tasche holen. Schließen Sie diese Tür mit Nachdruck und verriegeln Sie sie. Stecken Sie den Schlüssel lächelnd ein. Jedes Mal, wenn Sie auch nur den Hauch eines negativen Gedankens in Ihrem Verstand bemerken, sagen Sie sich:

ICH HABE DEN SCHLÜSSEL IN DER TASCHE.

ICH HABE DIESEN GEDANKEN EINGESCHLOSSEN.

Und lächeln Sie, weil Sie wissen, dass es tatsächlich so ist.

Worte der Weisen

»[Er] handelte in ganzer Herzenshingabe und hatte deshalb Erfolg.«

2 Chronik 31,21

»Lass uns singen auf dem Weg, so weit wie wir gehen; die Reise wird weniger mühsam sein.«

Virgil

»Doch eines tue ich; ich vergesse, was hinter mir liegt, und strecke mich aus nach dem, was vor mir liegt.«

Philipper 3,13

»Unsere Zweifel sind Verräter und versagen uns das Gute, das wir erringen könnten, wenn wir uns nicht fürchten würden, es zu versuchen.«

William Shakespeare

»Verzweifle nie, doch wenn es so ist, arbeite weiter in Verzweiflung.«

Edmund Burke

»Es geschieht stets das, woran man wirklich glaubt, und der Glaube daran lässt es geschehen.«

Frank Lloyd Wright

»Um glücklich zu sein, vergiss die Worte ›wenn doch nur‹ und ersetze sie durch ›das nächste Mal‹.«

Smiley Blanton

»Hatte ich eine Entscheidung gefällt, machte ich mir hinterher keine Sorgen mehr.«

HARRY S. TRUMAN

»Handle so, als wäre es unmöglich zu scheitern.«

DOROTHEA BRANDE

»Verlierer stellen sich die Nachteile des Verlierens vor. Gewinner visualisieren den Lohn des Erfolgs.«

ROB GILBERT

KAPITEL 3

SCHRITT DREI: LEBEN SIE NACH DER GOLDENEN REGEL

Behandeln Sie andere, wie Sie selbst behandelt werden wollen. Und behandeln Sie umgekehrt andere nicht so, wie Sie nicht von ihnen behandelt werden wollen.

Diese vertraute und scheinbar einfache Weisheit birgt enorme Vorteile. Nach der Goldenen Regel zu leben bedeutet, sich auch für andere einzusetzen, sie zu schützen und für sie zu sprechen. Martin Niemöller, ein protestantischer Widerstandskämpfer gegen das Naziregime, war sich dieser Wahrheit bewusst. An ein Nachkriegspublikum gewandt sagte er:

> »Die Nazis holten die Kommunisten, und ich protestierte nicht, denn ich war kein Kommunist. Dann holten sie die Juden, und ich protestierte nicht, denn ich war kein Jude. Dann holten sie die Gewerkschafter, und ich protestierte nicht, denn ich war kein Gewerkschafter. Dann holten sie die Katholiken, und ich war ein Protestant. Also protestierte ich nicht. Dann holten Sie mich … und es war niemand mehr da, der protestieren konnte.«

Ja, behandeln Sie andere, wie Sie selbst behandelt werden wollen. Suchen Sie stets, unter allen Umständen, nach dem Guten in jedem Menschen. Im Kontakt mit Verwandten, Freunden und Geschäftspartnern sollten Sie nach dem Guten forschen, nicht nach Fehlern. Helfen, loben und ermutigen Sie, statt zu kritisieren, beschuldigen oder sich zu rächen. Gehen Sie die Extrameile, um jemandem zu helfen.

Dem PME-Konzept zufolge besteht der kleine Unterschied, der den großen Unterschied ausmacht, ob jemand glücklich, unglücklich oder elend ist, darin, ob er sich oder anderen gegenüber positiv oder negativ eingestellt ist.

So ist es der sicherste Weg zum eigenen Glück, seine Gedanken, Energien und Aktivitäten darauf zu richten, andere Menschen im Alltag froh zu machen. Es kann Sie unglücklich machen, nur über sich nachzudenken und die Reaktionen anderer auf Ihre Handlungen oder Worte zu ignorieren.

In seinem Buch *Wunderbare Macht* weist Lloyd C. Douglas darauf hin, dass es sich für Sie vielfach auszahlen wird, jemand anderen zu unterstützen, solange Sie damit nicht prahlen oder Gegenleistungen dafür erhoffen.

»Big Jim« Daniell weiß, wie entscheidend es ist, glücklich zu sein. Bevor er 1976 bei RMI anfing, einem Unternehmen der Titanproduktion, steckte die Firma in gewaltigen Schwierigkeiten. Doch als Präsident sorgte er für eine Wende. Wie schaffte er das? Nicht mit Computern, nicht mit Beratern, nicht mit Betriebswirtschaftlern – sondern dank seiner Positiven Mentalen Einstellung.

Big Jim prägte sich die Namen aller 700 Angestellten bei RMI ein. »Wenn Sie einen Mann treffen, der nicht lächelt, schenken Sie ihm ein Lächeln«, heißt es. Big Jim verschenkt den ganzen Tag Lächeln, während er in seinem Elektrofahrzeug durch das Werk fährt und mit den Arbeitern scherzt. »Glauben Sie es oder nicht, aber selbst ich als großer, dummer Footballspieler« – er war 1945 Captain der Cleveland Browns – »habe eine Philosophie: Behandle andere so, wie du behandelt werden willst«, sagte er.

Mr. Daniells Philosophie funktionierte. Die Verkaufszahlen von RMI stiegen, die Produktivität wuchs, die Moral verbesserte sich und Mr. Daniell ist ein glücklicher Mensch.

Teilen Sie mit anderen. Auf diese Weise geben Sie etwas von sich selbst – aber Ihr Anteil vermehrt sich und wächst. Gleichzeitig inspirieren Sie andere, besser und kreativer zu leben. Indem Sie andere unterstützen, helfen Sie im Gegenzug auch sich, und gemeinsam setzen Sie eine Kettenreaktion aus gutem Willen und PME in Gang.

LEARNING BY DOING

LEBEN SIE NACH DER GOLDENEN REGEL

Denken Sie an drei Dinge, bei denen Sie sich die Unterstützung anderer wünschen.

1. ______________________________
2. ______________________________
3. ______________________________

Drehen Sie nun den Spieß um. Wie können Sie jeden dieser drei Punkte für jemand anderen umsetzen? Nutzen Sie Schritt Nummer zwei dabei als Hilfestellung: Stellen Sie sich vor, wie es tatsächlich geschieht. Wenn es Ihnen hilft, suchen Sie sich ein symbolisches Bild, um zu visualisieren, was Sie tun wollen.

Und dann tun Sie es einfach!

Wenn Sie eine Kleinigkeit bekommen, geben Sie eine Kleinigkeit zurück.

Erfolgreiche Personen leben häufig nach der Maxime, ihren Erfolg mit anderen oder Gruppen von Menschen zu teilen. So erlangen sie Respekt, Kooperation und persönliche Befriedigung.

Terry Evenson war mit mehreren Unternehmen erfolgreich. Er teilte seinen Erfolg mit anderen, zum Beispiel indem er ein Stipendienprogramm für intelligente, aber arme Studenten gründete. Da diese Menschen so die Chance auf Erfolg erhielten, unterstützen sie wiederum andere und finanzieren Studenten das Studium. Denn sie wissen, wie wichtig es ist, anderen zum Erfolg zu verhelfen

Selbsttest

Denken Sie über die folgenden Fragen nach:

1. Vor drei Tagen haben Sie einem Mitarbeiter von Ihnen vorbereitete Daten gegeben, weil morgen ein wichtiger Bericht fällig ist. Heute erfahren Sie, dass er es noch nicht geschafft hat, diesen Bericht zu erstellen. Wie reagieren Sie?

a) Sie sagen nichts, um keinen weiteren Druck auszuüben.
b) Sie bereiten ein Memo an ihn und Ihren Chef vor, um zu erklären, dass Sie Ihren Anteil rechtzeitig erledigt haben, und es nicht Ihre Schuld ist, dass der Bericht nicht fertig wurde.
c) Sie bieten an, bei der Fertigstellung des Berichts zu helfen.

2. Ihre Schwiegereltern werden alt und sind nicht mehr in der Lage, ihren Alltag zu bewältigen. Wie reagieren Sie?

a) Sie halten sich raus, denn es geht Sie nichts an. Niemand mag neugierige Schwiegersöhne und -töchter.
b) Sie bestehen darauf, dass sie in ein Altersheim ziehen, bevor sie zu einer Last werden.
c) Sie bieten an, ihnen zweimal im Monat bei den Einkäufen, der Hausarbeit und im Garten zu helfen, und versuchen, auch andere Familienmitglieder für diese Hilfe einzuspannen.

3. Sie fahren mit hohem Tempo auf der überfüllten Autobahn, ein anderes Auto drängelt und fährt dicht auf. Wie reagieren Sie?

a) Sie fahren weiter wie vorher.

b) Sie lassen die Bremslichter aufleuchten und werden langsamer. Sie tun Ihr Bestes, um dem anderen Fahrer ein wenig Manieren auf der Straße beizubringen.
c) Sie wechseln die Spur und lassen den anderen Fahrer vorbei.

4. Sie gehen seit Jahren zur selben Werkstatt, und ein neuer Mechaniker ist unhöflich zu Ihnen und behandelt Sie, als hätten Sie keine Ahnung. Wie reagieren Sie?

a) Sie dulden es und gehen davon aus, dass er irgendwann gefeuert wird.
b) Sie gehen woanders hin.
c) Sie reden unter vier Augen mit dem Werkstattleiter und erklären, dass Sie die Art des Mitarbeiters überrascht, denn Sie waren ja dort immer zufrieden.

Sie wissen sicher schon, dass die Antworten unter »a« auf eine passive Haltung hinweisen, die eine Handlung im Sinne von PME ausschließt. Mittels PME identifiziert man ein Problem und arbeitet an dessen Lösung. Indem Sie Probleme ignorieren, lassen Sie sie vor sich hinköcheln, sodass sie größer und ärgerlicher werden. Manchmal ist es das Einfachste, sich aus allem herauszuhalten, aber dadurch kann eine Situation leicht außer Kontrolle geraten. Vielleicht werden andere sich wundern, wieso Sie sich in einer Situation so passiv verhalten, anstatt Führungsqualitäten und Urteilsvermögen an den Tag zu legen.

Die Antworten unter »b« bedeuten zwar Aktivität, sorgen aber fast immer für Spannungen und bringen andere Menschen dazu, Sie als Gegner oder Nörgler zu sehen. Bei Schwierigkeiten brauchen die Leute jemanden, der aktiv nach einer Lösung sucht, und nicht jemanden, der noch mehr Ärger macht oder wütend davonstapft. Wieso sollte irgendjemand etwas mit Ihnen zu tun haben wollen, wenn Sie nur immer andere beschuldigen oder die Verantwortung meiden? Wenn Sie es wie im Autobahnbeispiel mit jemandem zu tun haben, der sich regelwidrig verhält, ist es unmöglich vorherzusagen, was Sie durch Ihre Provokation auslösen. Die Konsequenzen können schnell aus dem Ruder laufen, sodass Sie den Nachteil haben. Statt andere herauszufordern, sollten Sie verständnisvoll sein. Handeln Sie so, wie Sie es sich von anderen erhoffen.

Die Antworten unter »c« ermutigen andere, Sie als jemanden zu sehen, der stets mit anderen zusammenarbeiten möchte, der hilft oder mehr als das Übliche tut. Manchmal handelt es sich dabei um Leute aus Ihrem Umfeld, Menschen, auf deren Hilfe und bereitwillige Zusammenarbeit Sie plötzlich angewiesen sein könnten. Das können Kollegen sein, die Ihnen einen Rat geben; Schwiegereltern, an die Sie sich vielleicht wenden, wenn Sie Hilfe brauchen; oder ein Werkstattbesitzer, der Ihren Wagen einen Tag vor dem großen Urlaub wieder zum Laufen bringt.

Manchmal kann sich eine PME gemäße Handlung, die der Goldenen Regel entspricht, an einen Unbekannten richten, den Sie vielleicht niemals wiedersehen. In diesem Fall erhalten Sie vielleicht niemals eine direkte Gegenleistung. Aber der Nutzen wird von anderer Seite kommen, denn die positive Kettenreaktion beginnt mit der Person, der Sie Gutes getan haben, und führt weiter über andere, die diese Person wiederum gut behandelt. Indem man PME gemäß handelt, vermehrt man sozusagen den Vorrat an PME in der gesamten Welt und verbessert damit jede Gemeinschaft, in der man lebt und arbeitet. Falls Sie jemals darüber erstaunt waren, wie ein Bekannter zu den unpassendsten

Zeiten von anderen Hilfe erhält, stehen die Chancen gut, dass er sein Leben nach PME ausrichtet. Wie es die Heilige Schrift ausdrückt: »Was man sät, erntet man auch.«

Bonus: Denken Sie an drei Dinge, von denen Sie nicht wollen, dass andere sie Ihnen antun.

1. ______________________
2. ______________________
3. ______________________

Drehen Sie das nun auf den Kopf. Und zwar so:

Seien Sie großzügig. Wenn Sie mit anderen etwas teilen, vervielfacht sich Ihr Nutzen. Einige Beispiele:

- Schenken Sie jedem, den Sie treffen, ein Lächeln. Lächeln Sie dabei mit den Augen, dann wird der andere zurücklächeln.
- Sagen Sie jemandem etwas Freundliches – dann wird der andere etwas Freundliches erwidern.
- Bringen Sie jemandem von Herzen Wertschätzung entgegen. Dann werden Sie Wertschätzung zurückbekommen.
- Ehren Sie andere, schenken Sie ihnen Anerkennung und Applaus, verleihen Sie dem Sieger den verdienten Lorbeerkranz. Dann werden auch Sie geehrt, anerkannt und ernten Beifall.
- Investieren Sie Zeit in einen guten Zweck und engagieren Sie sich. So werden Sie zu einem besseren Menschen und es wird sich für Sie reichlich auszahlen.
- Schenken Sie anderen Hoffnung – die magische Zutat für den Erfolg. So werden Sie selbst mehr Hoffnung schöpfen.

- Machen Sie andere glücklich – alle Menschen streben nach Glück. So werden Sie selbst zuversichtlicher.
- Schenken Sie anderen Freude – Sonnenschein mit Worten. So werden Sie selbst fröhlicher und andere reagieren fröhlicher auf Sie.
- Geben Sie freundliche Antworten – Sie werden Konflikte im Keim ersticken. So werden Sie selbst freundlicher und werden freundlichere Reaktionen erhalten.

Worte der Weisen

»Hass erregt nur Streitigkeiten, doch alle Fehler deckt die Liebe zu.«

Sprüche 10,12

»Was du nicht willst, dass man dir tu, das füg' auch keinem andern zu.«

Konfuzius

»Wir sichern uns Freundschaften nicht, indem wir Gefälligkeiten annehmen, sondern sie anderen erweisen.«

Thukydides

»Lehre mich, mein Gott und König, in allen Dingen dich zu sehen, und was ich in allem tue, es für dich zu tun.«

George Herbert

»Das gute Beispiel ist nicht nur eine Möglichkeit, andere Menschen zu beeinflussen. Es ist die einzige.«

Albert Schweitzer

»Zu viele Menschen machen sich keine Gedanken, was geschieht, solange es nicht ihnen geschieht.«

William Howard Taft

KAPITEL 4

SCHRITT VIER: LÖSCHEN SIE ALLE NEGATIVEN GEDANKEN DURCH SELBSTANALYSE

Die meisten Menschen bemerken gar nicht, dass sie negativ denken, solange sie nicht bewusst ihre Gedanken, Aktionen und Reaktionen analysieren. Es ist einfach, sich selbst zu erforschen. Fragen Sie sie sich in Bezug auf etwas Bestimmtes: »Ist das positiv oder negativ?« Wenn Sie Ihre Gedanken nicht kontrollieren und durch Visualisierung steuern, werden Ihre Antworten eher negativ als positiv ausfallen.

Denken Sie daran, wie positiv es sich auswirken kann, nach der Goldenen Regel zu leben. Wenn Sie anderen stets Gutes tun und das Schlechte meiden, dann haben negative Gedanken kaum eine Chance.

Vor allem dann, wenn Sie gerade voll Begeisterung damit beginnen, eine Positive Mentale Einstellung zu entwickeln, schleichen sich alte Angewohnheiten von Zeit zu Zeit wieder ein. Sie werden feststellen, dass negative Gedanken überall lauern, bereit, in Ihr Leben zu treten, sobald Sie die Tür nur einen Spalt öffnen. Negative Gedanken werden sich vermutlich aus den folgenden vier häufigsten Gründen bemerkbar machen:

1. Sie tun sich selbst leid und geben diesem Selbstmitleid zu viel Raum.
2. Sie verurteilen andere oder geben einer Person, einer Situation oder Ihrem Umfeld die Schuld an etwas. (Alkoholiker reden von einer »geografischen Heilung«, das heißt, sie versuchen ihr Alkoholproblem zu lösen, indem sie es auf ihren Wohnort schieben.)
3. Ihr Ego wurde angegriffen oder herabgesetzt. Ihr Stolz ist verletzt.
4. Der offensichtlichste und gleichzeitig am schwierigsten zu erkennende Grund ist, selbstsüchtig zu sein – in Bezug auf sich selbst, jemand anderen oder auf einen materiellen Gegenstand.

Je mehr Sie PME einüben, desto besser werden Sie negative Gedanken erkennen, sobald diese auftauchen. Doch wenn Sie erst beginnen, PME in Ihr Leben zu integrieren, sollten Sie sich sehr bewusst analysieren. Meistens werden Sie negative Gedanken einfach erkennen, denn sie veranlassen Sie, im Umgang mit anderen gegen die Goldene Regel zu verstoßen. Oder sie führen dazu, dass Sie sich selbst etwas einreden, was Sie als Beleidigung empfänden, käme es von einer anderen Person.

Wenn der Gedanke auftaucht, Sie seien handlungsunfähig, fragen Sie sich, wie es wäre, wenn ein Fremder auf der Straße Ihnen das Gleiche ins Gesicht sagte. Behandeln Sie solche Gedanken genauso, wie Sie einen solchen Fremden behandeln würden. Sagen Sie: »Du weißt gar nicht, was ich erreichen kann. Es steht dir nicht zu, so etwas zu sagen.«

Wer ist tatsächlich selbstsüchtig?

Dr. Bertice Berry ist erfolgreiche Stand-up-Comedian, Schauspielerin, Sängerin und frühere Talkmasterin mit eigener Show, die im ganzen Land auftritt. Als Erste in ihrer Familie besuchte sie ein College. Als sie ihren Abschluss machte, erwartete sie, dass alle ihre Verwandten auftauchen und jubeln würden.

Als ihr klar wurde, dass niemand aus ihrer Familie kommen würde, war sie wütend und beschloss, die Abschlusszeremonie gar nicht zu besuchen, bis ihr ein Professor sagte, das sei selbstsüchtig von ihr. Sie ging hin und war erstaunt, von der Universität als herausragendste Studentin geehrt zu werden. Ein Nobelpreisträger überreichte ihr die Auszeichnung.

So hätte sie aus verletztem Stolz fast eine unglaubliche Ehrung verpasst. Stattdessen überwand sie sich selbst und stieg immer weiter auf.

Die negativen Gedanken, die sich in Ihren Geist einschleichen, sind das Produkt einer Vergangenheit, die Sie nur hinter sich lassen wollen. Sie entstammen Erfahrungen, die Sie überwinden wollen und haben nichts damit zu tun, wie Sie künftig über die Dinge denken und sie angehen wollen. Kontern Sie diese Gedanken mit einem sofort wirksamen und kräftigen Gegengift in Form konkreter positiver Gedanken über sich selbst, eine andere beteiligte Person oder die Umstände.

LEARNING BY DOING

LÖSCHEN SIE ALLE NEGATIVEN GEDANKEN DURCH SELBSTANALYSE

Erstellen Sie eine Checkliste, die Sie in Ihrer Tasche oder Ihrem Geldbeutel mit sich herumtragen können. Nennen Sie diese Liste: »Partys, die ich absage«

1. Die Mitleidsparty – Sie tun sich selbst leid.
2. Die Sündenbockparty – Sie suchen jemanden, dem Sie die Schuld geben können.
3. Die Stolzparty – Sie leiden an verletztem Ego.
4. Die Schweinehundparty – Sie sind selbstsüchtig.

Lesen Sie diese Liste jeden Morgen. Sollten negative Gedanken auftauchen, fragen Sie sich: »Was passiert hier gerade?« Sehen Sie sich die Liste Ihrer Nein-Danke-Partys an, um zu sehen, ob etwas davon gerade zutrifft. Verbannen Sie dann diesen Gedanken.

Selbsttest

Beantworten Sie ehrlich die folgenden Fragen:

1. Ihr Angebot, für einen prestigeträchtigen und lukrativen Kunden zu arbeiten, wird abgelehnt und das Projekt geht an ein Konkurrenzunternehmen. Was geht Ihnen durch den Kopf?

a) »Es hat einfach nicht sein sollen.«
b) »Ich hätte den Auftrag bekommen, doch die andere Firma wollte mich ja unbedingt unterbieten. Sie erledigen den Auftrag mit Verlust, nur damit ich ihn nicht bekomme.«
c) »Ich muss herausfinden, wieso sie zu der anderen Firma gegangen sind. Das ist meine Chance, Schwachstellen zu identifizieren und zu korrigieren.«

2. Ihre Tochter bricht das Studium ab, um in einer Restaurantküche zu arbeiten. Was kommt Ihnen in den Sinn?

a) »Sie hatte ja nie viel Antrieb.«
b) »Sie rebelliert und lässt mich dumm dastehen, nachdem ich so viel Geld ausgegeben habe, um sie aufs College zu schicken.«
c) »Sie war wohl unglücklich auf der Hochschule, und ich sollte herausfinden wieso.«

3. Sie stellen sich zur Wahl als Vorsitzender einer lokalen Eigentümergemeinschaft und erleiden eine Niederlage. Welche Gedanken kommen Ihnen?

a) »Wieder eine Lektion gelernt. Ich sollte nicht mehr bei einem Popularitätswettbewerb antreten.«
b) »Wenn diese Leute nicht erkennen, welch guter Vorsitzender ich wäre, sollte ich meine Zeit mit denen nicht mehr verschwenden.«
c) »Mein Gegner weiß mehr als ich darüber, wie man Interesse weckt. Daraus kann ich lernen. Ich wette, wir beide würden ein prima Team abgeben.«

4. Sie wissen, Sie sollten 15 Pfund abnehmen, haben aber trotz Ihrer Bemühungen bisher keinen Erfolg. Wie denken Sie darüber?

a) »Hey, ich könnte schlimmer dran sein. Wenigstens habe ich nicht noch mehr zugenommen.«
b) »Ich achte zu sehr auf diesen Fitnesswahnsinn. Ich werde niemals abnehmen und sollte mich nicht weiter quälen.«
c) »Ich muss einen neuen Ansatz finden, bei dem ich dranbleibe, um so meine Gesundheit zu verbessern.«

Man kann im Leben leicht immer weiter mit dem Strom schwimmen. Das wirkt gelegentlich recht attraktiv, da wir so Sorgen und Stress zu vermeiden scheinen. Aber oft ist dies nur eine Tarnung für negative Botschaften über sich selbst und die eigenen Möglichkeiten. Die Antworten unter »a« spiegeln das wider. Sie enthalten ein beträchtliches Selbstmitleid und implizieren in etwa: »Ich bin einfach nicht zum Anführer oder Athleten geboren« oder: »Das Leben hat mir viel aufgebürdet, und am besten trotte ich einfach weiter.«

Eine Positive Mentale Einstellung lässt Sie mit solchen Gedanken nicht mehr durchkommen. Sie mögen vielleicht auftreten, aber Sie werfen einen Blick darauf und entlarven sie als Taktik, um nicht in Aktion treten oder Verantwortung übernehmen zu müssen. Wenn das passiert, weisen Sie den Gedanken zurück und kontern Sie ihn mit einer positiven Suggestion. Je häufiger Sie das bewusst tun, umso automatischer wird es funktionieren, bis negative Gedanken sich gar nicht mehr einstellen.

Man kann die Schuld nicht nur auf die Umstände, sondern ebenso leicht auf andere Menschen schieben – diese sind oft die leichteste Zielscheibe für Selbstmitleid oder verletzten Stolz. Das zeigen die Antworten unter »b«. Ein solcher Ansatz lässt uns sicher niemals die Situation durch Handeln lösen und kann alles noch verschlimmern. Sie müssen die Quelle der Widrigkeiten akkurat identifizieren, um ihren darin versteckten Vorteil zu sehen. Solange Sie diese Wahrheit ignorieren, werden all Ihre Mühen umsonst sein.

Die oben stehenden »c«-Antworten stellen exemplarisch diesen Ansatz dar. Mit diesen Antworten erkennen Sie ein Problem an und versuchen es zu ergründen, in der Überzeugung, dass etwas getan werden kann. Wenn Sie so nachforschen, sollten Sie sich auf PME verlassen, denn so können Sie unerwartete Einsichten über sich selbst oder die jeweilige Situation gewinnen. Wenn Sie auf solche Offenbarungen mit der Einstellung reagieren, etwas Wichtiges gelernt zu haben und dann damit umgehen können, werden Sie den vielleicht größten Nutzen von PME erfahren – Sie werden sich selbst besser verstehen und mehr Selbstvertrauen erlangen.

Bonus: Einen negativen Gedanken zu »verbannen« ist einfacher, als Sie glauben. Erinnern Sie sich an die Bonusidee in Schritt 2? SIE BESITZEN DEN SCHLÜSSEL. Werfen Sie diesen negativen Gedanken dorthin, wo er hingehört, ins Verlies! Dank Ihrer Positiven Mentalen Einstellung werden Sie die Kraft haben, diesem Entschluss mental und aktiv zu folgen.

KAPITEL 4

Worte der Weisen

»Ich preise dich, dass ich so ungeheuer wunderbar entstanden bin.«

PSALM 139,14

»Selbstvertrauen ist das erste Geheimnis des Erfolgs.«

RALPH WALDO EMERSON

»Sagen Sie sich selbst in Ihren geheimsten Träumen, ich wurde erschaffen, um die Dinge anzugehen.«

ANDREW CARNEGIE

»Groll ist das nach außen gerichtete Gefühl der Minderwertigkeit.«

JOSÉ ORTEGA Y GASSET

»Entmutigung ist schlicht die Verzweiflung der verletzten Eigenliebe.«

FRANÇOIS DE FÉNELON

»Ergreife nie das Plädoyer gegen dich selbst.«

ROBERT ROWBOTTOM

»Ein Mann kann alles aus den Augen verlieren, wenn er unbedingt Rache nehmen will, und das ist es nicht wert.«

LOUIS L'AMOUR

»Sie gewinnen Kraft, Mut und Selbstvertrauen durch jede Erfahrung, bei der Sie der Angst ins Angesicht blicken. Sie können sich selbst sagen: ›Ich habe diese Schrecken durch-

gestanden. Ich kann auch das ertragen, was als Nächstes auf mich zukommt.‹ Sie müssen das tun, von dem Sie glauben, es nicht zu können.«

ELEANOR ROOSEVELT

KAPITEL 5

SCHRITT FÜNF: SEIEN SIE FRÖHLICH! SCHENKEN SIE ANDEREN FREUDE!

Um fröhlich zu sein, VERHALTEN Sie sich so, als wären Sie es! So wie Sie durch Gedanken Ihr Handeln verändern können, können Sie durch Ihre Handlungen Ihr Denken verändern. Seien Sie enthusiastisch. Um enthusiastisch zu sein, verhalten Sie sich einfach so. Schenken Sie sich selbst und der Welt ein Lächeln.

Nach und nach werden Sie inneres Glück und Enthusiasmus empfinden, was sich schließlich ohne Ihr Zutun nach außen hin zeigen wird. Eine positive Einstellung ist für jeden erkennbar (und sie zieht andere Menschen an). Ihre Lebensqualität wird sich verbessern, wenn Sie negative Gedanken ausmerzen und sich auf gute, heilsame, konstruktive Gedanken, Erinnerungen und Erfahrungen konzentrieren. Tatsächlich ist es leicht, eine fröhliche Einstellung beizubehalten, denn es ist genauso einfach positiv zu denken wie negativ.

Wenn Sie sich Sorgen machen wollen, tun Sie es auf positive Weise. In seinem Bestseller *Psychokybernetik* (Orig.: *Psycho-Cy-*

bernetics) bringt Dr. Maxwell Maltz seinen Lesern bei, sich »konstruktiv zu sorgen«. Ihm zufolge bedeutet sich zu sorgen, über das nachzudenken, was schiefgehen könnte, und das Gegengift sei, bewusst bei dem zu verweilen, was richtig laufen könne.

Folgen Sie diesen zwei einfachen Regeln, um sich konstruktiv zu sorgen. Schreiben Sie sie auf eine Karteikarte und tragen Sie diese als »Rezept« für Ihre Sorgen bei sich:

1. Das beste Resultat für meine Herausforderung ____________ könnte ____________ sein.
2. Das könnte geschehen. Wahrscheinlich wird ____________ tatsächlich geschehen.

Verabreichen Sie sich mithilfe dieser Regeln gelegentlich eine Dosis Optimismus. Stellen Sie sich das angestrebte Ergebnis Ihres Problems vor. Wiederholen Sie dann diese Gedanken und entwickeln Sie nach und nach ein Gefühl des Selbstvertrauens und des Muts.

Maltz zufolge kann das Unterbewusstsein nicht zwischen einer realen Erfahrung und einer eingebildeten unterscheiden. Um diese Theorie zu nutzen, schlägt er die folgende Übung vor: Geben Sie sich jeden Tag zu einer bestimmten Zeit mit geschlossenen Augen Tagträumen bezüglich Ihrer Ziele hin. Stellen Sie sich vor, dass Sie diese Ziele bereits erreicht haben. Stellen Sie sich vor, wie es sich anfühlen würde, diese Ziele erreicht zu haben, wie es riechen und aussehen würde. Wenn Sie sich dabei ertappen, wie Sie über negativen Gedanken brüten, weisen Sie sich selbst sofort an, damit aufzuhören. Ersetzen Sie dann diese düsteren Gedanken mit mentalen Bildern Ihrer tatsächlichen Wünsche für Ihr Leben. Versuchen Sie es. Es funktioniert!

Das wundervolle Gefühl, das sich dabei einstellt, ist PME.

LEARNING BY DOING

SCHREIBEN SIE EINE CHRONIK IHRES ERFOLGS

Es ist wichtig, die eigenen Leistungen und Erfolge genau im Auge zu behalten. Reduzieren Sie die Details Ihrer erfolgreichen Erfahrungen zu einer Art Formel, die Sie aufschreiben. Ebenso wichtig ist es, unliebsame Erfahrungen unter die Lupe zu nehmen.

Indem Sie Ihre guten Erfahrungen formelhaft zusammenstellen, werden Sie Methoden, Fertigkeiten oder Techniken entwickeln können, um anhaltend positive Resultate in Ihrem Leben zu erzielen – in persönlicher, spiritueller, familiärer, sozialer, beruflicher oder gesellschaftlicher Hinsicht. Diese Methoden, Fertigkeiten und Techniken werden sich kontinuierlich positiv bei all Ihren Aktivitäten, Dienstleistungen oder Produkten auswirken. Nachhaltiger Erfolg stellt sich bei jenen ein, die sich stets bemühen und dabei eine Positive Mentale Einstellung beibehalten.

Und so werden auch Sie die Gesundheit, das Glück, den Reichtum und den Erfolg erlangen, die Sie sich wünschen.

Seien Sie stolz! Stolz auf Ihre Leistungen, Ihre Familie, Ihre Religion, Ihr Land und alles, was gut ist, aber bleiben Sie bescheiden demütig. Man kann auf eine Leistung berechtigt stolz sein, aber es kann sich nachteilig auswirken, mit dieser Leistung zu prahlen.

In der englischen Sprache kann ein Wort verschiedene, sowohl positive als auch negative Bedeutungen haben, und Stolz ist ein hervorragendes Beispiel. Stolz ist angemessen angesichts der eigenen Würde, des eigenen Werts, der Ehre und des Selbstrespekts. Das ist positiv, solange man es auf etwas anwendet, auf das man zu Recht stolz sein kann. Aber im negativen Sinn ist der

Stolz eine der sieben Todsünden – Sprüche 16,18: »Stolz kommt vor dem Sturz und Hochmut vor dem Fall.«

Negativ zu bewertender Stolz ist das unangemessene Gefühl der eigenen Überlegenheit, eines übersteigerten Selbstwertgefühls und der Arroganz. Synonyme für den Stolz im negativen Sinn sind Überheblichkeit, Anmaßung, Hochmütigkeit und Verachtung. Die Antonyme sind Demut und Bescheidenheit.

Selbsttest

Betrachten Sie folgende Situationen:

1. Sie haben einen ehrgeizigen Plan vorgelegt, Ihre Abteilung neu zu organisieren, und wollen sich gerade mit den Leuten treffen, die letztlich darüber entscheiden werden. Worauf konzentrieren Sie sich vor dem Meeting?

a) Auf Routinedetails, damit Ihre Nervosität Sie nicht überwältigt.
b) Auf all die schwierigen Fragen, die man Ihnen stellen wird, und die möglichen Einwände des Managements.
c) Auf den Nutzen, den Ihre Empfehlungen generieren werden, und darauf, wie einfach man diese erklären kann.

2. Ihrem Partner/Ihrer Partnerin wurde eine wichtige Beförderung angeboten. Die neue Position bringt ein höheres Gehalt und die Möglichkeit mit sich, weiter aufzusteigen, aber die Arbeit wird ebenfalls mehr. Was ist Ihr Beitrag zur Diskussion, das Angebot anzunehmen oder nicht?

a) »Tu, was für dich am besten ist, Liebling.«
b) »Denk mal an denjenigen, der den Job zuletzt gemacht hat. Er hat den Druck nicht ausgehalten und wurde gefeuert.«
c) »Das ist eine wunderbare Gelegenheit und ich bin sicher, du wirst sie meistern. Wenn du das machen willst, stehe ich absolut hinter dir.«

3. Als Vorsitzender des örtlichen Elternbeirats sind Sie überrascht, als die beliebte Rektorin ankündigt, zurück aufs Col-

*lege zu gehen. Ein Mitglied des Kultusministeriums bittet Sie, bei dem Gremium mitzumachen, das den/die Nachfolger*in bestimmt. Mit welcher Einstellung gehen Sie den Ernennungsprozess an?*

a) Sie sind der Meinung, dass ein Rektor so gut wie der andere ist, und wälzen die Entscheidung auf die anderen Mitglieder des Gremiums ab.
b) Tun Sie Ihre Meinung kund, dass es unmöglich sein wird, jemanden ähnlich Gutes wie die letzte Rektorin zu finden, und bereiten Sie alle anderen auf Beschwerden vor, egal wen sie auswählen.
c) Sie sind überzeugt, einen guten Rektor finden zu können, und wissen, dass die vorherige Rektorin dafür einen ausgezeichneten Standard setzt. Ihnen ist auch klar, dass jeder Kandidat unterschiedliche Stärken mitbringen wird und man denjenigen finden muss, der am besten zu den Bedürfnissen der Schule passt.

4. Sie müssen täglich 45 Minuten (einfach) zur Arbeit pendeln. Wie verbringen Sie die Zeit?

a) Sie hören Musik.
b) Sie hören sich im Radio an, wie Leute sich über alles Mögliche beschweren.
c) Sie malen sich aus, was Sie heute erreichen werden und wie Sie dadurch Ihren Hauptzielen im Leben näherkommen.

Napoleon Hill sagte einst: »Das Einzige, was Sie mit Sicherheit in jeder Situation kontrollieren können, ist Ihre Reaktion darauf.« Wenn Sie sich in jeder Lage eine positive Perspektive angewöhnen, werden Sie feststellen, wie all Ihre Worte und Handlungen zum guten Ausgang der Situation beitragen.

Jeder von uns kennt diese leise Stimme, die sich immer wieder so zu Wort meldet: »Das wird nicht funktionieren« oder »Der Fehlschlag lauert schon hinter der nächsten Ecke.« Sie können diese leise Stimme zähmen, indem Sie sich auf positive Gedanken konzentrieren, aber sie ist hartnäckig und daher nicht einfach zu ignorieren. Sie glauben vielleicht, indem Sie über etwas anderes nachdenken, wird diese Stimme verschwinden, aber das funktioniert nicht. Sie müssen sie mit der positiven Stimme übertönen, die Ihnen sagt, was tatsächlich eintreffen könnte. Und Sie tun anderen einen großen Gefallen, wenn Sie sie im Sinne dieser positiven Stimme beeinflussen. Die Antworten unter »a« spiegeln PME daher nicht wider.

Eine mentale Haltung ist ansteckend. Deswegen tun Sie niemandem – inklusive sich selbst – einen Gefallen, indem Sie stets auf potenzielle Probleme hinweisen. Die Antworten unter »b« repräsentieren eine negative Einstellung, die man anderen schnell mitteilt und damit ihre Bemühungen und auch ihre Reaktionen Ihrem Anteil gegenüber sabotiert. Ab und zu schleicht sich unvermeidlich ein negativer Gedanke in Ihren Kopf. Aber Sie sollten ihn nicht leichtfertig äußern. Nehmen Sie ihn unter die Lupe, um herauszufinden, ob dahinter ein echtes Problem steckt. In neun von zehn Fällen werden Sie ihn leicht durch eine positive Alternative ersetzen können.

Machen Sie nicht den Fehler zu denken, dass man durch eine positive Einstellung bloß Scheuklappen aufsetzt. Die Geschichte ist voll von Beispielen, in denen Personen alle Gründe, nach denen ein bestimmtes Unterfangen zum Scheitern verurteilt sein sollte, ignorierten und es dennoch taten: Robert Fulton, Thomas Edison, die Wright-Brüder. So meinte Dennis Kimbro, der gemeinsam mit Napoleon Hill *Think and Grow Rich: A Black Choice* verfasste: »Die Leute sagen Ihnen vielleicht, die Sonne sei untergegangen, aber das stimmt nicht. Sie Sonne geht niemals wirklich unter. Es mag bei Ihnen vielleicht gerade Nacht sein, aber auf einem Großteil der Erde scheint die Sonne.«

Wieso sollte man sich anders verhalten?

Susan Jeffers, die Autorin des Buches *Feel the Fear and Do It Anyway* (dt.: *Selbstvertrauen gewinnen: Die Angst vor der Angst verlieren*), ging mit einer Freundin essen und versuchte sie zu bewegen, etwas Bestimmtes positiv zu sehen, als diese Frau anmerkte: »Du hörst dich schon an wie Pollyanna.«

Jeffers erinnert sich: »Ich platzte heraus: ›Was ist denn so schlimm an Pollyanna? Was ist schlecht daran, eine positive Lebenseinstellung zu haben, obwohl man sich mit Hindernissen konfrontiert sieht? Was ist schlecht daran, die Sonnenseite zu sehen, statt nur Finsternis und Dunkelheit? Was ist verkehrt daran, das Gute in allem sehen zu wollen? Nichts ist verkehrt daran!‹, versicherte ich. Und ich fügte ungläubig hinzu: ›Wieso sollte eigentlich irgendjemand sich gegen diese Sichtweise wehren?‹«

Nur Sie können Ihre Einstellung in jeder Situation wählen. Wenn Sie sich dem Sumpf der negativen Gedanken hingeben, wird der Schlamm an Ihnen kleben bleiben und alle um Sie herum werden es sehen. Beschließen Sie stattdessen, sich auf erwünschte Dinge zu konzentrieren und sich sicher zu sein, dass Sie diese auch erhalten werden. Wenn Sie sich sorgen wollen, tun Sie es auf positive Weise.

Bonus: Lehren Sie sich selbst, wie ansteckend Fröhlichkeit ist, indem Sie sich vor dem Spiegel anlächeln. Es ist okay, wenn sich das zuerst etwas komisch anfühlt, und es ist sogar noch besser, wenn Sie sich das Lachen verkneifen müssen, denn dann werden Sie tatsächlich lächeln. Indem Sie sich selbst lächeln sehen, erhalten Sie einen Vorgeschmack darauf, wie viel Fröhlichkeit etwas so Einfaches schenken kann. Stellen Sie sich nun vor, wie es sein mag, wenn Sie jemand anderen so anlächeln.

Worte der Weisen

»Ein fröhlich Herz tut auch dem Körper gut.«

SPRÜCHE 17,22

»Fröhlichkeit lässt den Geist wie im Tageslicht erstrahlen und erfüllt ihn mit einer stabilen und anhaltenden Gelassenheit.«

JOSEPH ADDISON

»Nimm eine Tugend an, wenn sie dir fehlt.«

WILLIAM SHAKESPEARE

»Gib mir einen Mann, der bei der Arbeit singt.«

THOMAS CARLYLE

»Wenn du eine Charaktereigenschaft willst, tu so, als sei sie bereits dein. Nutze die ›Als-ob‹-Technik.«

WILLIAM JAMES

»Wenn wir wirklich leben wollen, sollten wir es besser sofort versuchen.«

W. H. AUDEN

»Nutze deine Schwächen; strebe nach den Stärken.«

LAURENCE OLIVIER

»Sei kühn – und mächtige Kräfte eilen dir zu Hilfe.«

BASIL KING

»Leistungsträger sind Menschen, die jede Situation mit der Einstellung angehen, sie zu ihren Gunsten wenden zu können. Nicht manchmal, sondern stets. Sie können sich auf sich selbst verlassen.«

Charles Garfield

KAPITEL 6

SCHRITT SECHS: SEIEN SIE TOLERANT

Bleiben Sie anderen gegenüber aufgeschlossen. Versuchen Sie, die Menschen so zu nehmen und zu akzeptieren, wie sie sind, statt sie nach Ihrem Willen ändern zu wollen. Sehen Sie immer das Gute in anderen und treten Sie ihnen wohlwollend gegenüber.

Vor vielen Jahren schrieb Napoleon Hill diesen Essay über Intoleranz:

> »Wenn am östlichen Horizont des menschlichen Fortschritts die Intelligenz heraufdämmert und Unwissenheit und Aberglaube ihre letzten Schritte im Sand der Zeit hinterlassen haben, wird in den letzten Kapiteln des Buches über die Verbrechen der Menschheit als schwerwiegendste Sünde die Intoleranz verzeichnet sein.
>
> Die bitterste Intoleranz erwächst aus religiösen, rassischen sowie ökonomischen Vorurteilen und Meinungsverschiedenheiten. Wie lange wird es dauern, oh Gott, bis wir armen Sterblichen die Narrheit darin erkennen, uns gegen-

seitig zu zerstören, weil wir unterschiedlichen religiösen Glaubensrichtungen oder Rassen angehören?

Die uns verliehene Zeit auf dieser Erde ist nur ein flüchtiger Moment. Wie eine Kerze werden wir entzündet, brennen einen Augenblick und verlöschen flackernd. Wieso lernen wir nicht, während unseres kurzen irdischen Besuchs so zu leben, dass wir, wenn die große Karawane des Todes vorbeizieht und diesen Aufenthalt für beendet erklärt, bereit sind, die Zelte abzubrechen und schweigend, ohne Furcht und Zittern, in das große Unbekannte zu folgen?

Ich hoffe, ich werde keine Juden oder Heiden, Katholiken oder Protestanten, Deutsche, Engländer oder Franzosen vorfinden, wenn ich die Schwelle auf die andere Seite überquert habe. Ich hoffe, dort nur menschliche Seelen, Brüder und Schwestern, nicht gekennzeichnet durch Rasse, Glaube oder Hautfarbe, anzutreffen, denn dann soll die Intoleranz ein Ende haben, sodass ich in Frieden in alle Ewigkeit ruhen kann.«

In einer mentalen und physischen Umgebung aus Liebe und Zuneigung gedeiht PME. Vollbringen Sie jeden Tag eine gute Tat. Das ist ein guter Ratschlag für Pfadfinder und ein ebenso guter für uns.

Hier eine wahre Geschichte: Ein Highschool-Schüler aus New England, ein exzellenter Turner, befand sich auf dem Weg zu einer Meisterschaft. Als er über eine Brücke fuhr, bemerkte er eine Lücke im Geländer. Er blieb stehen und sah einen Lkw im Fluss darunter. Der Unfall war gerade erst geschehen, der Lkw sank und der Fahrer kämpfte damit, sich zu befreien.

Der Highschool-Schüler zog die Schuhe aus und sprang in das wirbelnde Wasser unter sich. Der panische Lkw-Fahrer konnte die Tür nicht öffnen. Doch der Schüler gab ihm ein Zeichen, das Fenster herunterzukurbeln, denn das Fahrzeug war schon fast ganz unter Wasser gesunken. Der Fahrer kurbelte das Fenster herunter und der Jugendliche nutzte seine über Jahre trainierten Muskeln und jedes Bisschen Kraft, um den Fahrer aus dem Lkw zu zerren. Er zog ihn an die Wasseroberfläche, schwamm ans Ufer und rettete so dem Fahrer das Leben.

Der Turner schaffte es an diesem Abend nicht zur Meisterschaft des Bundesstaates, aber das war nicht wichtig, denn offizielle Entscheidungsträger der Schule hatten ihn aufgrund seiner langen Haare sowieso vom Wettbewerb ausgeschlossen.

Die Moral der Geschichte: Beurteile den Charakter eines Mannes nicht nach der Länge seiner Haare.

Solche Taten menschlicher Hilfsbereitschaft fördern PME bei Ihnen und anderen. Um glücklich zu sein, schenken Sie anderen Freude!

Die hässliche Fratze der Intoleranz

Eine der traurigsten Folgen der Intoleranz besteht darin, dass Menschen, die sie selbst erfahren haben, sich oft in einer anderen Gruppe intolerant verhalten. Das Beispiel von Ländern wie dem ehemaligen Jugoslawien zeigt uns, wie leicht Intoleranz eine Gesellschaft zerrütten kann.

Wie töricht Intoleranz ist, erkennt man leicht an früher vorherrschenden sozialen Vorurteilen. Zum Beispiel galt viele Jahre, dass weder ein Katholik noch ein Geschiedener zum Präsidenten der Vereinigten Staaten gewählt werden konnte. Allerdings räumten zwei der beliebtesten Präsidenten mit diesen Überzeugungen auf: John F. Kennedy, ein Katholik, und Ronald Reagan, der geschieden war.

Lassen Sie niemals zu, dass die intoleranten Vorstellungen anderer Menschen Ihre eigenen Vorstellungen, was Sie erreichen können, beeinflussen. Irgendwer muss immer als Erster eine Barriere übersteigen. Wieso sollten das nicht Sie sein?

LEARNING BY DOING

SEIEN SIE TOLERANT

Der Trick, andere Menschen so zu akzeptieren, wie sie sind, besteht darin, so zu tun, als möge man sie bereits. Denken Sie an eine Person, die Sie eher ablehnen, und schreiben Sie ihren Namen hier auf:

Name: ______________________

Stellen Sie sich nun die Frage: Wenn ich diese Person so akzeptieren würde, wie sie ist, wie würde ich mich dann verhalten? Was würde ich tun? Stellen Sie sich die Antwort darauf konkret visuell vor. Und handeln Sie dann entsprechend. Die meisten Menschen lassen sich von ihren Gefühlen lenken. Sie nehmen an, sie könnten sich nicht nett oder tolerant oder wie auch immer gegenüber einem bestimmten Menschen verhalten, wenn sie nicht zuerst Zuneigung, Toleranz oder was auch immer empfinden. Doch das ist verkehrt. Ihre neue Positive Mentale Einstellung rüstet Sie, Ihre Gefühle selbst zu bestimmen! Sie können sich entscheiden, so zu handeln, als würden Sie etwas empfinden. Sie werden erstaunt sein, wie Ihre Gefühle brav hinterhertrotten werden.

Selbsttest

Denken Sie über die folgenden Fragen nach:

1. Das Büro neben dem Ihren gehört einer lauten Verkaufsmanagerin. Jedes Mal, wenn einer ihrer Vertreter ein Verkaufsziel erreicht hat, jubelt sie vor Freude und macht sich lautstark bemerkbar. Das gesamte Büro hält mit der Arbeit inne und starrt sie an. Wie reagieren Sie?

a) Sie lassen Ihre Bürotür geschlossen.
b) Sie sagen ihr, dass sie die Arbeitsdisziplin im gesamten Büro negativ beeinflusst und bitten sie, anders über Abschlüsse zu jubeln. Vielleicht könnte sie dem Vertreter eine E-Mail schicken.
c) Erkennen Sie ihren Enthusiasmus auf irgendeine Weise an und nehmen Sie Anteil an all ihren Erfolgen.

2. Ihr Sohn verkündet, dass er sich mit einer jungen Frau verlobt hat, die Sie treffen und mögen. Aber dann finden Sie heraus, dass ihre Eltern in einer politischen Partei aktiv sind, deren Ziele Sie ablehnen. Wie reagieren Sie?

a) Sie tun Ihr Bestes, um ihnen aus dem Weg zu gehen.
b) Sagen Sie ihnen, dass sie in Ihrer Gegenwart besser keine ihrer lächerlichen Vorstellungen zur Sprache bringen sollen.
c) Freunden Sie sich mit Ihnen gemäß Ihrer gemeinsamen Basis an. Und machen Sie sich klar, dass sich Ihnen eine Gelegenheit bietet, Menschen kennenzulernen, mit denen Sie sonst vielleicht nie etwas zu tun gehabt hätten.

3. In Ihrer Nachbarschaft geht eine Unterschriftenliste herum, um die örtlichen Gemeindevertreter zu zwingen, etwas wegen eines Hauses in Ihrer Straße zu unternehmen, auf dessen Grundstück der Rasen nie gemäht wird und vor dem sich der Müll sammelt. Was tun Sie?

a) Sie stecken die Nase nicht in anderer Leute Angelegenheiten und unterschreiben die Petition nicht.
b) Sie unterzeichnen die Petition.
c) Sie bieten an, den Nachbarn zu besuchen und ihm zu erklären, was die Menschen beunruhigt, und zu fragen, ob Sie in dieser Situation irgendwie helfen können, bevor die Stadtverwaltung hinzugezogen wird.

4. In Ihrer Abteilung fängt eine neue Kollegin an. Sie macht ihre Arbeit gut, aber andere Angestellte scheinen sie zu meiden, denn man munkelt, dass sie lesbisch sei. Wie reagieren Sie?

a) Sie ignorieren die Gerüchte.
b) Sie sagen ihr, was die Leute erzählen, und legen ihr nahe, dass sie vielleicht bei einem anderen Unternehmen glücklicher wäre.
c) Sie laden sie zum Essen ein, um sie besser kennenzulernen. Sagen Sie ihr, wie zufrieden Sie mit ihrer Arbeit sind, und bitten Sie sie, sich bei Ihnen zu melden, falls es zu Problemen mit den anderen Kollegen käme.

Toleranz ist ein komplexes Thema, besonders in unseren polarisierenden Zeiten. Egal bei welchem Thema – viele Leute sind durch starke Gefühle voreingenommen, und diese beeinträchtigen manchmal ihr gesundes Urteilsvermögen, sodass sie die tatsächlichen Probleme nicht sehen. PME bedeutet nicht, dass Sie die Prinzipien eines jeden Menschen, den Sie treffen, annehmen sollen, aber sie bringt Sie dazu, Ihre Reaktionen auf diese Leute eingehend zu prüfen. Fragen Sie sich selbst: Kommen mir meine Gefühle im Umgang mit dieser Person in die Quere? Beeinflusst Problem X, wie ich etwas verkaufe, ob ich ein guter Nachbar bin oder nach der Goldenen Regel leben kann?

Toleranz ist kein passiver Bestandteil von PME oder des Lebens im Allgemeinen. Wie das genannte Beispiel von Pfarrer Martin Niemöller in Nazideutschland gezeigt hat, nährt sich Intoleranz daraus, dass gute Menschen untätig bleiben. Die oben genannten Antworten unter »a« repräsentieren größtenteils diese Reaktion. Im ersten Beispiel berauben Sie sich der Chance, von jemandem zu lernen und an einer ansteckenden Begeisterung teilzuhaben, indem Sie eine Ihnen unbehagliche Situation vermeiden.

Sie werden niemals wirklich andere verstehen, wenn Sie stets Keile zwischen sich und die Menschen, mit denen Sie nicht übereinstimmen, treiben. Im besten Fall erreichen Sie einen freundlichen Waffenstillstand, aber selbst das ist unmöglich, wenn Sie im Sinne der Antworten unter »b« handeln. Was immer Sie mit dieser Person zu tun haben, wird durch eine drohende Konfrontation vergiftet, und so entfernen Sie sich von den positiven Gedanken, die Sie kultivieren müssten, um Ihre Ziele zu erreichen.

Toleranz kann nicht jeden Konflikt verhindern, aber wenn Ihre Handlungen typisch für Antwort »c« sind, zeigen Sie anderen Menschen Ihren Respekt. Sie können sich darauf verlassen, dass diese Haltung erwidert wird. Sich so zu verhalten, öffnet Ihnen eine Welt neuer Möglichkeiten, mit Menschen zusammenzuarbeiten, mit denen Sie vielleicht sonst nicht einmal sprechen würden. Die Meinungsverschiedenheiten zwischen Ihnen werden vermutlich bestehen bleiben, aber wer weiß, Sie gewinnen vielleicht den Respekt Ihres Gegenübers und überzeugen jemanden, die Welt durch Ihre Augen zu sehen. Mit PME ist alles möglich.

Bonus: Der kleine Trick, den Sie soeben erlernt haben, ist auch der Schlüssel zum biblischen Spruch »liebet eure Feinde«. Wie liebe ich meinen Feind? Indem ich mich so verhalte, als würde ich es bereits tun. Und siehe da, das Gefühl stellt sich hinterher ein. Haben Sie Feinde, bei denen Sie das ausprobieren wollen? Schreiben Sie den Namen unten auf und versuchen Sie es.

Name: ____________________

Und lesen Sie abends dieses Gebet:

Hast du jemanden glücklich oder traurig gemacht?
Hast du das Beste aus diesem Tag gemacht?
Gott hat dir den Tag zum Geschenk gemacht.
Hast du Gutes oder Schlechtes vollbracht?
Hast du gelächelt oder böse dreingeblickt?
Jemandem auf die Beine geholfen oder zu Boden geschickt?
Jemandes Last gelindert oder Fortschritt verhindert?
Nach Rosen gesucht oder nur Unkraut gefunden?
Wie hast du diesen wunderbaren Tag genutzt?
Gott schenkte ihn dir, hast du ihn vergeudet?

(AUTOR UNBEKANNT)

Worte der Weisen

»Man braucht einen Weisen, um einen Weisen zu erkennen.«

XENOPHANES

»Wir sollten weniger danach streben, verstanden zu werden, als zu verstehen.«

FRANZ VON ASSISI

»Tu so viel Gutes, wie du kannst
mit allen Mitteln, die du hast
auf alle Arten, die du kennst
an allen Orten, wo du bist
zu allen möglichen Zeiten
zu so vielen Menschen, wie du kannst
so lange du kannst«

JOHN WESLEY

»Nichts geht je durch Höflichkeit verloren. Sie ist das günstigste Vergnügen, kostet nichts und vermittelt so viel. Sie ist angenehm für den, der sie zeigt, und den, der sie empfängt, und ist, wie Barmherzigkeit, ein doppelter Segen.«

ERASTUS WIMAN

»Viele Menschen glauben, sie denken, während sie tatsächlich nur ihre Vorurteile neu sortieren.«

WILLIAM JAMES

KAPITEL 7

SCHRITT SIEBEN: SUGGERIEREN SIE POSITIVE INHALTE

Trainieren Sie Ihren Verstand im Sinne einer beständigen Positiven Mentalen Einstellung. Seien Sie sich bewusst, dass Ihre häufigen Gedanken und Einstellungen Realität werden. Sie haben vermutlich schon mal das Sprichwort gehört: »Sage mir, worüber du nachdenkst, und ich sage dir, wer du bist.« Dabei klingt die Aussage von William James an: »Wir werden zu dem, worüber wir am häufigsten nachdenken.«

Ihr Unterbewusstsein kommuniziert ständig mit Ihrem Bewusstsein. Konzepte, Ideen, Problemlösungen – all das sind Gaben, die nur darauf warten, sich Ihrem Bewusstsein zu präsentieren. Und da ist noch mehr, denn Ihr Verstand ist wie ein Lager für bekannte und unbekannte Kräfte. Ihr Bewusstsein und Ihr Unterbewusstsein können nur im Einklang sein, wenn Sie lernen, Ihren Verstand intelligent zu beeinflussen. In ihrem Buch *Mit positivem Denken zum Erfolg* erklären Napoleon Hill und W. Clement Stone, dass Sie externe Einflüsse auf Ihren Geist kontrollieren müssen, um eine Positive Mentale Einstellung zu kultivieren. Es gibt drei Arten der Kontrolle: Suggestion, Selbstsuggestion und Autosuggestion.

Suggestion

Jeder Stimulus, der Ihr Gehirn durch Ihre fünf Sinne erreicht – Sehen, Hören, Berühren, Schmecken oder Riechen –, ist eine Form der Suggestion. All das sind Pfade, über die externe Elemente jeden Tag Ihr Leben beeinflussen. Alles, womit Sie in Kontakt kommen, wird in Ihrem Unterbewusstsein durch Ihre fünf Sinne aufgezeichnet. Soweit es Ihrer Kontrolle unterliegt, sollten Sie darauf achten, dass alles, was Sie durch Ihre fünf Sinne wahrnehmen, erbaulich und befriedigend ist. Nehmen Sie sich Zeit für Schönes.

Selbstsuggestion

Selbstsuggestion ist ein Prozess, bei dem man sich absichtlich und bewusst stimuliert, indem man etwas Bestimmtes sieht, hört, fühlt, schmeckt oder riecht. Nutzen Sie mentale Bilder oder Gedanken als eine Form der Selbstsuggestion. Unter dem Punkt »Suggestion« wird Ihnen empfohlen, darauf zu achten, dass alles, was über Ihre fünf Sinne kommt, erbaulich und befriedigend ist. Vielleicht denken Sie: Aber in der Welt gibt es nun mal hässliche Dinge. An dieser Stelle sollten die Selbstsuggestion und die PME-Philosophie ins Spiel kommen: Suchen Sie nach dem Guten in allem, was Sie sehen, hören, schmecken, riechen oder fühlen. Je mehr Sie bewusst eine Botschaft für sich wiederholen und je mehr Emotionen und Glauben Sie damit verbinden, desto effektiver wird dies Ihrem Unterbewusstsein eingepflanzt. Indem Sie Gedankenmuster des Erfolgs aufbauen, können Sie denselben großartigen Nutzen für sich arbeiten lassen, den so viele erfolgreiche Menschen erfahren haben.

Kennen erfolgreiche Menschen ein besonderes Geheimnis des Lebens? Sie schauen auf die sonnige Seite der Dinge. Starten auch Sie heute damit. Lachen Sie von heute an einfach über Ihre Schwächen. Nehmen Sie sich von heute an nicht mehr so ernst. Schärfen Sie von heute an Ihren Sinn für Humor, indem Sie jeden Tag etwas finden, über das Sie lachen können, um sich so zu entspannen. Versuchen Sie von heute an, neue Freunde durch eine fröhlichere Einstellung zu gewinnen. Nutzen Sie von heute an Humor als Hilfsmittel für die Lösung Ihrer Probleme.

Autosuggestion

Autosuggestion ist die Übertragung und Kommunikation von Informationen aus dem Unterbewusstsein ins Bewusstsein. Diese Informationen offenbaren sich Ihnen in Form von Ideen, Träumen, Gefühlen, Konzepten, Prinzipien, Lösungen und Gedanken. Wenn Sie bewusst Ihren Verstand mit guten, erbaulichen Gedanken und Informationen füttern und auf eine angemessene mentale Haltung achten, versorgen Sie Ihr Unterbewusstsein mit wertvollen »Nährstoffen«, die es Ihnen zurückgeben wird. Sie bestimmen den Output Ihres Verstands mithilfe des Inputs.

Programmierer benutzen das Akronym GIGO, das für »Garbage in, Garbage out« steht. Ein Computer, der mit schlechten Daten gefüttert wird, wird schlechte Informationen liefern. Ihr Verstand arbeitet dem vergleichbar. Programmieren Sie ihn auf Basis des NINO-Prinzips: Nourishment in, Nourishment out. Der

Output wird automatisch dafür sorgen, dass Sie eine Positive Mentale Einstellung beibehalten.

Visualisieren Sie, was Sie gewinnen

Bob Paris ist ein internationaler Bodybuilding-Champion und ehemaliger Mr. Olympia, der in der Einleitung eines seiner Trainingsbücher die berühmte Maxime von Napoleon Hill zitiert: »Was immer der Geist sich vorstellen und woran er glauben kann, das kann er auch erreichen.«

Paris nutzt die Macht der Selbstsuggestion und Autosuggestion und baut sie in sein Workout ein. Ihm zufolge empfiehlt sich dieses Vorgehen für jeden, der maximalen Nutzen aus seinem Training ziehen will. »Sie sollten die Übungen perfektionieren und spüren, wie der Muskel arbeitet«, sagt er. Er nennt es, den Muskel »finden«, das heißt, dass er sich bei maximaler Anspannung des Muskels darauf konzentriert, wie dieser arbeitet, und buchstäblich visualisiert, wie der Muskel wächst und stärker wird.

Paris rät: »Jedes Mal, wenn Sie den Muskel während eines Workouts nicht ›finden‹, hören Sie auf ... stellen Sie die Verbindung zur richtigen Empfindung wieder her.« Diesen Rat können Sie auch auf alles, was Sie in Bezug auf PME unternehmen, anwenden.

LEARNING BY DOING

SUGGERIEREN SIE POSITIVE INHALTE

Sie erlernen die Angewohnheiten der Suggestion, Selbstsuggestion und Autosuggestion, indem Sie sich diese aufmerksam aneignen. Suggestion und Selbstsuggestion sind also neue Angewohnheiten, die Sie erwerben können; sie sind Nahrung für Ihren Geist. Autosuggestion erfordert besondere Aufmerksamkeit: Freuen Sie sich, wenn Ihre positive mentale Einstellung zu einem neuen Gedanken oder einem neuen Gefühl führt. Üben Sie jede dieser Gewohnheiten täglich.

Suggestion: Machen Sie es sich zur Regel, jeden Ihrer fünf Sinne täglich etwas Positivem oder Wertvollem auszusetzen. Betrachten Sie eine Blume. Besuchen Sie eine Bäckerei und atmen Sie das Aroma tief ein. Gehen Sie in ein Konzert oder hören Sie sich etwas Schönes im Radio an. Schmecken Sie jede einzelne Nuance einer Brotscheibe, als wäre es die einzige Nahrung, die Sie an diesem Tag zu sich nehmen. Betasten Sie die Rinde eines Baumes. Was werden Sie heute tun, um Ihre Sinne mit positiver Nahrung zu versorgen?

Suggestion: ________________________________

____

Autosuggestion: Sie benötigen bewusstes Gewahrsein, um Autosuggestion zu praktizieren. Viele Menschen nehmen ihre Ideen, Konzepte, Lösungen und guten Gefühle als selbstverständlich hin, es empfiehlt sich jedoch, dies nicht zu tun. Sie werden sich darüber freuen, weil es einfach Ihre Art ist. Achten Sie eine Zeit lang darauf, wie Sie mit Ihrer Positiven Mentalen Einstellung vorankommen: Welche »gute Nahrung« hat Ihr Unterbewusstsein heute erhalten?

Autosuggestion: ______________________________

____

Selbsttest

Denken Sie über die folgenden Situationen nach.

1. Sie haben erfahren, dass die Beförderung, die Sie sich so gewünscht hatten, jemand anderem zuteilwird. Wie reagieren Sie?

a) Sie gehen so schnell wie möglich wieder an die Arbeit. Nicht zu lange über diesen Rückschlag nachdenken.
b) Sie erwägen zu kündigen oder zumindest nach einer Anstellung zu suchen, bei der Ihre Leistungen gewürdigt werden.
c) Sie gratulieren der anderen Person und erinnern sich dann eine Weile an alles, was in Ihrem Sinne gelaufen ist Sie denken an all das, was Sie schon erreicht haben.

2. Die Auseinandersetzung heute Morgen mit Ihrem Partner ist aus dem Ruder gelaufen, und Sie beide haben sich Gemeinheiten gesagt. Sie sind der Erste, der am Ende des Tages nach Hause kommt. Wie reagieren Sie, wenn Ihre bessere Hälfte eintrifft?

a) Sie tun so, als sei nichts geschehen.
b) Sie bestehen darauf, alles sofort aufzuarbeiten.
c) Sie schlagen ein ruhiges Abendessen in einem Lokal vor, das Sie beide mögen, um sich daran zu erinnern, dass Sie als Partner viel Gutes teilen.

3. Sie haben zugestimmt, als Begleitung auf einen Ausflug der Jugendgruppe Ihrer Kirchengemeinde mitzugehen, aber im letzten Moment erfahren Sie, dass Sie dabei am Inlineskaten teilnehmen müssen. Sie haben in Ihrem Leben noch nie auf Rollschuhen gestanden. Wie kommen Sie damit klar?

a) Sie gehen mit und stellen sich darauf ein, hinzufallen.
b) Sie sagen ab.
c) Sie leihen sich ein paar Tage vorher Rollschuhe aus und üben in Ihrer Einfahrt.

4. Sie arbeiten den ersten Tag in einem neuen Büro. Was hängen Sie an einer Stelle der Wand auf, die Sie gut sehen können?

a) Ihr Diplom.
b) Eine Beschreibung Ihres Aufgabenbereichs.
c) Eine Liste mit Ihren Selbstmotivatoren und positiv verstärkenden Gedanken.

Sie sollten stets darauf bedacht sein, sich durch Ihre Handlungen ausreichend anzuregen, um PME aufrechtzuerhalten. In allen Situationen, zu denen Antworten wie unter »a« passen, mag es mutig erscheinen, nicht zuzugeben, dass Sie Unterstützung oder Ermunterung brauchen, aber auf diese Weise werden Sie bei Schwierigkeiten im Regen stehen. PME ist keine *passive* mentale Einstellung, sondern eine aktive.

Sie sollten sich auch vor Suggestionen hüten, die Ihnen vermitteln, dass Sie vermutlich scheitern oder enttäuscht werden. Die Antworten unter »b« deuten an, dass Sie sich einreden wie Sie scheitern werden. Je mehr Sie nach einem Fehlschlag suchen, desto leichter wird er Sie finden.

Die »c«-Antworten zeigen auf, dass Sie Situationen kontrollieren können und damit Ihren Geist auf Erfolg sowie auf Ihre Fähigkeit konditionieren, etwas zu erreichen, Hürden zu meistern und zu überwinden. Schwarzseher mögen das Wunschdenken nennen, aber nach einiger Erfahrung mit PME werden Sie sicher sein, alles, was Sie sich vornehmen, erreichen zu können.

Bonus: Schreiben Sie es auf, wann immer Sie durch Autosuggestion etwas geschafft haben. Das mag eine Lösung für ein Problem oder eine Idee für eine neue Aktivität sein. Wenn Ihre Liste dann immer länger wird, haben Sie mehr und mehr Belege dafür, wie Ihre mentale Einstellung Ihren Erfolgsweg beeinflusst.

Worte der Weisen

»Wenn du einen Menschen so behandelst, wie er ist, wird er bleiben, wie er ist; aber wenn du ihn so behandelst, als wäre er, was er sein sollte, wird er werden, wie er sein sollte und könnte.«

JOHANN WOLFGANG VON GOETHE

»Menschliche Glückseligkeit entsteht nicht so sehr aus dem großen Glück, das selten eintritt, sondern durch die kleinen Annehmlichkeiten, die sich jeden Tag ergeben.«

BENJAMIN FRANKLIN

»Lege Schwung, Kraft und Vitalität in jede Bewegung deines Körpers. Verströme die Aura eines [Menschen], der … fest entschlossen ist, für etwas einzustehen und jemand zu sein … Steche mutig aus der Masse heraus, und schaffe deinen eigenen Pfad.«

ORISON SWETT MARDEN

»Was dein Verstand sich vorstellen und woran er glauben kann, das kannst du mit PME auch erreichen.«

NAPOLEON HILL

»Strebe nach Größe. Jeder von uns wandert die Straße der Abenteuer des Lebens nur einmal entlang, aber einmal ist genug, wenn du es richtig machst.«

J. WARREN MCCLURE

»Was würdest du versuchen, wenn du wüsstest, dass du nicht scheitern kannst?«

Robert Schuller

»Meine Philosophie besteht darin, nicht nur für das eigene Leben verantwortlich zu sein, sondern genau in diesem Moment das Beste zu geben, um im nächsten Moment etwas besser dazustehen.«

Oprah Winfrey

KAPITEL 8

SCHRITT ACHT: NUTZEN SIE DIE MACHT DES GEBETS

Sie sind sich vielleicht nicht sicher, ob es Gott gibt, oder meinen sogar, dass er nicht existiert. Aber wenn Sie sich darauf einlassen, optimistisch zu experimentieren, können Sie an die Macht des Gebets glauben.

Es ist egal, wie Sie die höhere Macht nennen, zu der Sie beten. Es kann einfach das Universum sein, solange Sie begreifen, dass die ganze Welt einer bestimmten Struktur gemäß geordnet ist. Diese Struktur wird dadurch bewiesen, dass die Sonne aufgeht, dass Eichen aus Eicheln wachsen und nicht aus Apfelkernen, und dass die Planeten, die Sonne und die Sterne sich regelmäßig und vorhersagbar durch die gewaltige Leere des Raums bewegen.

Sobald Ihnen diese Ordnung der Welt einleuchtet, wird Ihnen klar, dass man sie verstehen und daher auch ändern kann, sofern man sich an ihre Regeln hält. Indem Sie beten, erkennen Sie Ihren Platz innerhalb dieser Ordnung an und sind in der Lage, sie zu verändern. Wenn Sie Gott und seine Güte anerkennen, umso besser. Aber selbst wenn Sie daran zweifeln – und dieser Zweifel wird sich nicht lange halten – begeben Sie sich auf den Erfolgsweg, wenn Sie Gebete wie das folgende sprechen:

> Oh Vater, höre mein Morgengebet
> Schenke mir Deine Hilfe
> Dass ich mein Leben heute gestalte,
> wie es Dir gefällt
> Ich bitte nicht darum, meinen Weg selbst zu wählen
> Herr segne mich auf Deine Weise
> Gib jedem Gedanken Deinen Geist
> Und lasse mich ein Segen sein
> Hilf uns, unsere Pflicht zu tun
> Zu anderen gütig und freundlich zu sein
> In allem, was wir tun, Arbeit oder Spiel
> Jeden Tag mehr Liebe zu zeigen
> Und zum Schluss, meine Brüder, was immer wahr ist
> Was immer gerecht ist
> Was immer rein ist
> Was immer schön ist
> Was immer von Güte zeugt
> So darin Tugend liegt und Lob
> Bedenke dies.

Bete voll Vertrauen und glaube an das, worum du bittest. In jedem Sturm findet die Seele eine Zuflucht im Gebet.

Erzbischof User predigte: »Wir haben die Zusicherung, dass wir erhört werden in unserem Gebet, denn wir beten zu dem Gott, der die Gebete hört und alle belohnt, die zu ihm kommen.«

Glauben Sie daran, dass der Allmächtige erfahren will, was Ihnen auf dem Herzen liegt, egal wie klein oder groß uns etwas erscheinen mag. Unser Gebet und Gottes Gnade sind wie zwei

Eimer an einer Quelle; während der eine nach oben steigt, sinkt der andere nach unten. Das Gebet ist ein Schild der Seele, ein Opfer für Gott und eine Geißel für Satan.

Die kreative Macht des Gebets

Mel Ziegler, einer der Gründer der Bekleidungskette Banana Republic, gründete anschließend das überaus erfolgreiche Unternehmen The Republic of Tea, welches das Verhältnis der Amerikaner zu diesem Getränk aus uralten Zeiten revolutionierte, sodass sie es heute genießen.

Ziegler gelang es also zweimal, Veränderungen im Geschmack der Konsumenten aufzuspüren und zu beeinflussen. Manchen gilt er als Trendsetter. Lesen Sie, was er über Inspiration sagt, und denken Sie darüber nach, wie nahe diese Aussage dem Gebet kommt.

»Kreatives Schaffen ist eine Projektion von etwas, das bereits existiert ...«, schreibt er. »Das große Mysterium, das wir als den ›kreativen Prozess‹ kennen, ist tatsächlich die Regung der ungeborenen Idee, die nach einem günstigen Ort sucht, um die Welt zu erblicken.«

Welche Ideen werden wohl in Ihrem Geist geboren, wenn Sie sich der Macht des Gebets öffnen?

Allerdings müssen wir bedenken, dass auch ein ›Nein‹ die Antwort auf ein Gebet sein kann. *Bete zu deinem Vater im Verborgenen; und dein Vater, der in das Verborgene sieht, wird dir's sichtbar vergelten.* Die Zeit, die man auf den Knien im Gebet verbringt, trägt mehr dazu bei, ein schweres Herz und strapazierte Nerven zu erleichtern, als alles andere. Das schlichte Herz, das freimütig in Liebe um etwas bittet, wird das Gewünschte erhalten.

Wie ein Echo aus einer Schlossruine ist das Gebet ein Echo aus der belasteten menschlichen Seele auf das tiefste Versprechen Gottes. Gehen Sie in sich im Gebet, dann wird der Schatz der Unendlichkeit sich für Sie öffnen. Gott wird Sie leiten. Nennen Sie es Einsicht, wenn Sie mögen, aber diese Wahrheit bleibt bestehen.

Gefragt, wie man den Willen Gottes ergründen kann, schlug Henry Drummond seine Bibel auf und las diese Anweisungen vom Deckblatt vor:

ERSTENS: Bete.
ZWEITENS: Denke.
DRITTENS: Rede mit weisen Menschen, aber betrachte ihr Urteil nicht als letztgültig.
VIERTENS: Sei behutsam damit, deinen eigenen Willen in den Vordergrund zu stellen, aber habe auch keine Angst davor. Gott wird nie grundlos die Neigungen und Interessen des Menschen vereiteln. Die Annahme ist falsch, dass sein Wille immer auf einer Linie mit dem liegt, was dir unangenehm scheint.
FÜNFTENS: Tue dann das Nächstliegende, denn Gottes Willen im Kleinen zu tun, ist die beste Vorbereitung, ihm auch im Großen zu folgen.
SECHSTENS: Wenn du entscheiden und handeln solltest, tue es.
SIEBTENS: Du wirst vermutlich erst lange danach, vielleicht sehr lange danach, herausfinden, dass dir überhaupt Führung zuteilwurde.

Die Gebete, die in Ihnen am besten wirken, sind diejenigen, die Sie aussprechen und dabei wirklich glauben, dass sie erhört werden.

LEARNING BY DOING

NUTZEN SIE DIE MACHT DES GEBETS

Der episkopale Priester Sam Shoemaker präsentierte in den 1950er-Jahren einen Plan, den man heute das »Pittsburgh-Experiment« nennt. Er traf sich regelmäßig mit einer Gruppe von Geschäftsleuten. Einige von ihnen glaubten an Gott, einige waren Agnostiker und einige glaubten gar nicht. Shoemaker bat jeden von ihnen, sich ihm mit offenem Geist bei einem Experiment anzuschließen, das 30 Tage dauern sollte und sich darum drehte, ob Gott existierte und ob er sich um das Wohlergehen der Menschen sorgte. Während dieser Zeit, so schlug er vor, sollte jeder seinen Tag mit diesem Gebet beginnen:

»Guten Morgen, Gott. Was hältst du heute für mich bereit? Ich will ein Teil davon sein.«

Dann bat Shoemaker jeden der Männer, sich einfach auf das einzulassen, was passierte, und sich einen offenen Geist dafür zu bewahren, dass sich in ihrem Leben tatsächlich Belege für Gott finden ließen. Jeder dieser Männer berichtete am Ende dieses 30-tägigen »Experiments« über positive Resultate. Jeder von ihnen war sicher, Belege dafür gesehen zu haben, dass Gott in seinem Leben wirkte.

Führen Sie das »Pittsburgh-Experiment« durch und sprechen Sie das Gebet im Glauben, dass es erhört wird. Es wird etwas passieren. Unterstützend können Sie 30 Tage lang ein Tagebuch über das Wirken Gottes in Ihrem Leben führen.

Selbsttest

Denken Sie über die folgenden Situationen nach:

1. Worauf liegt der Fokus Ihrer morgendlichen Alltagsroutine, bevor Sie zur Arbeit gehen?

a) Sich anziehen, um dann zügig und effizient Ihr Frühstück zu verspeisen.
b) Mental die potenziellen Probleme durchgehen, mit denen Sie es an diesem Tag zu tun haben werden.
c) Zeit mit konzentriertem Gebet verbringen, für die Gelegenheiten danken, die sich Ihnen präsentiert haben, und um die Weisheit bitten, sie bestmöglich zu nutzen.

2. Sie und Ihr Ehepartner möchten ein neues Haus kaufen. Dieser Schritt wird Ihre Ressourcen strapazieren, aber Sie halten es für eine gute finanzielle Entscheidung. Sie beide haben viel Zeit im besinnlichem Gebet verbracht. Dann ändert sich die Lage jedoch, sodass der Kauf eine größere Belastung zu werden scheint, als Sie zunächst dachten: Die Zinsen steigen, die Häuser um Sie herum werden zu reduzierten Preisen verkauft, und das Unternehmen Ihres Ehepartners will Stellen streichen. Wie entscheiden Sie?

a) Sie werfen eine Münze.
b) Sie beeilen sich mit dem Kauf, bevor noch etwas anderes schiefgeht.
c) Sie entscheiden, dass es am besten ist, noch eine Weile zu warten, bis Sie für einen Hauskauf besser aufgestellt sind.

3. Sie haben innig darum gebetet, dass in Ihrem Viertel eine neue Schule errichtet wird, auch wenn der Bezirk wenig Geld für einen Neubau hat. In Ihrem Herzen sind Sie überzeugt, dass die neue Schule wichtig und nötig ist. Welche Schritte unternehmen Sie?

a) Sie vertrauen darauf, dass Ihre Gebete erhört werden.
b) Sie drohen mit einer Absetzungskampagne gegen die Mitglieder des Ausschusses, wenn sie nicht für die neue Schule stimmen.
c) Sie organisieren eine Gruppe aus Eltern und engagierten Bürgern, um Lobbyarbeit für die Schule zu betreiben und dem Ausschuss zu zeigen, wie wichtig der Neubau ist.

4. Sie werden unerwartet befördert, um eine vernachlässigte Abteilung in Ihrem Unternehmen zu leiten. Es gibt viel zu tun und es wird vermutlich starke Widerstände geben. Wie formulieren Sie Ihre Gebete?

a) Sie nutzen dieselbe Formel wie immer.
b) Sie beten für einen Sieg über Ihre Gegner.
c) Sie drücken Dankbarkeit für die Gelegenheit und die Verantwortung aus, die man Ihnen übertragen hat, und bitten um die Weisheit, das Beste daraus zu machen.

Die Macht des Gebets hat zwei Aspekte. Einerseits öffnen Sie sich der Weisheit einer höheren Autorität, der Unendlichen Intelligenz, die das Universum ordnet. Der kontemplative Aspekt des Gebets ermöglicht es Ihnen, Lösungen zu sehen und Weisheiten zu finden, die vorher außerhalb Ihrer Reichweite schienen. In dieser Hinsicht ist die Kraft des Gebets *extern*, denn sie zieht Dinge zu Ihnen, über die Sie im Moment noch nicht verfügen.

Die *interne* Macht des Gebets ist der Effekt, den es auf Ihren Verstand hat. Indem Sie eine dankbare, optimistische Einstellung in Ihren Gebeten annehmen, verstärken Sie die Macht der Selbstsuggestion, die Sie in Schritt Nummer 7 kennengelernt haben. Wenn Sie Ihren Tag mit Gebeten beginnen und sich diesen mehrmals am Tag widmen, verbinden Sie diese Selbstsuggestion mit der mächtigsten Kraft des Universums: der großartigen Intelligenz, die es erschaffen hat.

Die beiden ersten Antworten unter »a« erkennen nicht die grundlegende Existenz dieser Kraft an. Es gilt, dem Gebet täglich Zeit zu widmen. Es mag zu Beginn wie eine unangenehme Pflicht erscheinen, sich ein paar Momente dafür zu nehmen, doch Sie werden bald feststellen, wie willkommen Ihnen die Ruhe und die Zentriertheit, die das Gebet Ihnen selbst mitten an einem hektischen Morgen bieten, sein werden. Und sobald Sie es sich angewöhnt haben zu beten, werden Sie erkennen, wie töricht es ist, wahllos Entscheidungen zu treffen, wenn Sie dazu die Macht der Schöpfung nutzen könnten.

Die dynamische Kraft des Gebets sorgt dafür, dass man es nicht wie Routine behandeln kann. Die zwei nächsten Antworten unter »a« zeigen den Fehler auf, einfach anzunehmen, wofür man betet, werde schon allein deshalb geschehen, weil man dafür betet. Sie sollten eindeutig und überlegt Ihre Gebete an veränderte Umstände anpassen und auch bereit sein zu handeln, um nach den Dingen zu streben, für die Sie beten. PME erfordert es, dass Sie arbeiten und Risiken eingehen, um etwas zu erreichen. Ihre Gebete sollten nie nur eine Wunschliste sein. Stattdessen sollten Sie damit eine Arbeitsliste an Herausforderungen erstellen, die Sie bereitwillig in Angriff nehmen.

Es ist angesichts der zu überwindenden Hürden weise und wichtig, für Hilfe zu beten. Aber es ist töricht, dann zu beten, wenn man etwas von sich abwenden will. Die obigen Antworten unter »b« repräsentieren einen Missbrauch des Gebets und was Sie sich davon erhoffen. Sie sollten nie versuchen, Rache an Ihren Feinden zum Ziel Ihres Gebets zu machen oder die Unendliche Intelligenz (und sich selbst) daran erinnern, was am heutigen Tag alles schiefgehen kann.

Die »c«-Antworten repräsentieren den richtigen Ansatz für das Gebet und die Antworten, die es mit sich bringt. Wenn Sie stets dankbar für all Ihre bereits erfahrenen Segnungen bleiben, werden Sie leichter erkennen, wenn das Gebet Ihnen sagen will, dass im Moment nicht der richtige Zeitpunkt für eine bestimmte Entscheidung ist. Jede Ihrer Enttäuschungen wird ins rechte Licht gerückt, wenn Sie Ihre Gebete als Erinnerung an all das Gute nutzen, das Ihnen bereits widerfahren ist.

Bonus: Henry Drummonds sieben Vorschläge, wie man den Willen Gottes erfährt, können für Sie ebenfalls funktionieren.

ERSTENS: Was ist der Gegenstand Ihres Gebets?

____

____

ZWEITENS: Welche Gedanken sind Ihnen nach dem Gebet gekommen?

____

____

DRITTENS: Was meinen kluge Menschen, mit denen Sie darüber gesprochen haben, dazu?

____

____

VIERTENS: Wozu tendieren Sie selbst in dieser Angelegenheit?

____

____

FÜNFTENS: Was wäre in der Zwischenzeit das »Naheliegendste«, was Sie tun könnten?

____

____

SECHSTENS: Sind irgendwelche Entscheidungen oder Handlungen quasi offensichtlich?

____

____

SIEBTENS: Sehen Sie, was passiert (und schreiben Sie hier auf, wie sehr Sie sich darüber freuen).

____

____

KAPITEL 8

Worte der Weisen

»Wer wenig liebt, betet wenig. Wer viel liebt, betet viel.«

St. Augustinus

»Gebet ist das aufrichtige, empfindsame, liebevolle Verströmen der Seele gegenüber Gott.«

John Bunyan

»Ich wurde häufig von der überwältigenden Einsicht auf die Knie gezwungen, keinen Ausweg mehr zu wissen. Meine eigene Weisheit und alles, was mich ausmachte, erschienen dann unzureichend.«

Abraham Lincoln

»Mache das Gebet zum Schlüssel am Morgen und zum Riegel am Abend.«

Matthew Henry

»Gebet ist das Tor zum Himmel.«

Thomas Brooks

»Das Gebet ist einem Menschen so natürlich, dass keine Theorie ihn davon abhalten kann.«

James Freeman Clark

»Gebet ist der erste Atemzug des göttlichen Lebens, es ist der Pulsschlag der gläubigen Seele.«

T. Scott

»Was immer wir von Gott erbeten, wir sollten auch dafür arbeiten.«

JEREMY SCOTT

»Wie in der Poesie ist es auch beim Gebet, das gesamte Thema sollte vom Herzen ausgeschmückt werden.«

EDWARD PAYSON

»Deine größte Stärke liegt in der Macht des Gebets.«

W. CLEMENT STONE

KAPITEL 9

SCHRITT NEUN: SETZEN SIE SICH ZIELE

Es liegt bei Ihnen, zu wählen, was Sie sich vom Leben wünschen. Wenn Sie sich entschieden haben, nutzen Sie Ihren Verstand, um Ihre selbst gesetzten Ziele zu erreichen. Sie können buchstäblich alles schaffen – solange es nicht gegen Gottes Gesetze oder die Rechte anderer Menschen verstößt. Sie werden den Nervenkitzel verspüren, der sich mit dem Wissen einstellt, jedes erdenkliche Ziel erreichen zu können. Indem man sich Ziele setzt, richtet man seinen Geist auf erwünschte Dinge und nicht auf Unerwünschtes, wie in Schritt 2 nahegelegt. Gewöhnen Sie sich an, sich quasi täglich langfristige und kurzfristige Ziele zu setzen. Das ist überaus wichtig. Schreiben Sie Ihre Ziele auf ein Blatt Papier. Visualisieren Sie, wie Sie diese Ziele erreichen. Beziehen Sie sich stets in erwartungsvoller und positiver Haltung darauf.

Der Startpunkt, um diese Ziele zu erreichen, findet sich in den sechs Buchstaben des Wortes *Desire* (Verlangen).

- Determine (Festlegen)
- Evaluate (Einschätzen)

- Set (Setzen)
- Identify (Identifizieren)
- Repeat (Wiederholen)
- Each day (Jeden Tag)

Treffen Sie Ihre Wahl

In ihrem Buch *Think and Grow Rich: A Black Choice* weisen Dennis Kimbro und Napoleon Hill darauf hin, wie wichtig es ist, Ziele zu haben, um im Leben etwas zu erreichen. Sie führen unter anderem diese Beispiele auf:

- Gwendolyn Brooks wollte schon immer eine Dichterin sein. Mit 15 veröffentlichte sie Gedichte und erhielt Anerkennung dafür. Und das Lob hielt weiter an, sodass sie schließlich als erste schwarze Frau den Pulitzerpreis erhielt.
- Florence Griffith-Joyner wurde Zweite bei den Olympischen Spielen 1984. Das genügte ihr nicht, und so setzte sie sich das Ziel, bei den nächsten Olympischen Spielen drei Goldmedaillen zu gewinnen. Das schaffte sie tatsächlich, und sie stellte bei jeder Medaille einen Weltrekord auf.

Sie mögen sich selbst sagen, dass Sie es zu etwas bringen wollen, aber solange Sie nicht genau definieren, was das bedeutet, werden Sie stets nur die Person bleiben, die Sie bereits sind.

Nutzen Sie die D.E.S.I.R.E.-Methode, um sich jedes erwünschte Ziel zu setzen und zu erreichen. Bestimmen Sie GENAU, was Sie begehren, und fixieren Sie es dann mental. Seien Sie spezifisch. Sie sollten GENAU einschätzen und festlegen, was Sie dafür zu leisten bereit sind. Setzen Sie sich ein konkretes Datum, zu dem Sie dies erreicht haben wollen. Identifizieren Sie Ihr Vorhaben und legen Sie einen konkreten Plan fest, wie Sie es umsetzen und ihr Ziel erreichen wollen. Setzen Sie diesen Plan dann sofort um. Ich empfehle Ihnen, sich die drei kleinen Wörter *»Tu es jetzt«* zu merken und diese drei Wörter 50-mal am Morgen, 50-mal am Abend, und mehrere Male während des Tages zu wiederholen, und zwar enthusiastisch und in einem gewissen Tempo. Machen Sie das eine ganze Woche oder zehn Tage lang, bis sie sich in Ihr Unterbewusstsein eingegraben haben. Somit werden Sie sofort in Aktion treten, wenn es die Umstände erfordern.

Nur wer es wirklich versucht, kann erfolgreich sein. Sie können nichts verlieren, wenn Sie es versuchen, doch Sie können eine Menge gewinnen, wenn Sie erfolgreich sind. Von daher sollten Sie auf jeden Fall wenigstens den Versuch wagen … TU ES JETZT!

Folgen Sie Ihrem Plan in einzelnen Schritten und halten Sie Ihre Fortschritte schriftlich fest. Notieren Sie GENAU und präzise, was Sie wollen, halten Sie EXAKT fest, wann Sie es erreichen wollen, und schildern Sie GENAU, was Sie dafür investieren wollen. Seien Sie präzise – vage zu sein ist der Totengesang für jedes Ihrer Ziele.

Jeden Tag sollten Sie abends und morgens diese schriftlich festgelegten Aussagen laut vorlesen. VISUALISIEREN SIE BEIM LESEN, DASS SIE IHR ZIEL BEREITS ERREICHT HABEN. SEHEN SIE ES. FÜHLEN SIE ES. GLAUBEN SIE ES.

LEARNING BY DOING

ZIELE SETZEN

Setzen Sie sich sofort ein Ziel. Folgen Sie dabei der D.E.S.I.R.E.-Formel, die Sie gerade erlernt haben.

Festlegen: Was wollen Sie? Seien Sie konkret.

____

____

Einschätzen: Was wollen Sie dafür geben?

____

____

Ein Datum setzen: Wann werden Sie das besitzen, was Sie sich wünschen?

____

____

Identifizieren: Erstellen Sie einen Plan. Was werden Sie jetzt sofort tun?

____

____

Wiederholen Sie Ihren Plan Schritt für Schritt schriftlich. (Dafür brauchen Sie vielleicht mehr Platz, als in diesem Buch vorhanden ist.)

- Schritt 1 ________
- Schritt 2 ________
- Schritt 3 ________
- Schritt 4 ________
- Schritt 5 ________

Lesen Sie an jedem einzelnen Tag morgens und abends Ihre schriftlichen Aussagen laut vor. Sehen Sie es geistig vor sich, wie Sie bereits Ihre Ziele erreicht haben, während Sie sie vorlesen.

Selbsttest

Beantworten Sie die folgenden Fragen:

1. Was beschreibt Ihre Ziele am besten?

a) Ich kann sie nicht wirklich beschreiben.
b) Nicht gefeuert zu werden, nicht bankrottzugehen, nicht krank zu werden, Konflikte zu Hause einzudämmen.
c) Ein klarer Plan, wie ich in meiner Karriere vorankomme. Konkrete finanzielle Ziele, regelmäßiger Sport, um die eigene Gesundheit zu verbessern, eine bessere und erfüllendere Partnerschaft mit Ehemann oder Ehefrau.

2. Was tun Sie, um Ihre Ziele zu erreichen?

a) Ich fantasiere darüber, wie mein Leben aussehen könnte.
b) Ich bemühe mich, nicht den Boden unter den Füßen zu verlieren, und beschäftige mich mit jeder Krise, sobald sie sich einstellt.
c) Ich folge einem schriftlich festgehaltenen Plan, den ich täglich neu überprüfe, und der unmittelbare, mittelfristige und langfristige Schritte auflistet und skizziert.

3. Was investieren Sie, um Ihre Ziele zu erreichen?

a) Keine Ahnung.
b) So wenig wie möglich, da es bereits schwer genug war, bis hierherzukommen. Ich will schnell reich werden.

c) So viel Zeit, Energie, Hingabe und Hilfe in meiner Community wie möglich zu leisten, und was immer sonst noch nötig sein mag.

4. Wann haben Sie das letzte Mal Ihre Ziele überarbeitet?

a) Ich kann sie nicht überarbeiten, denn ich habe sie nicht festgehalten.
b) Als ich mitten in der letzten Krise steckte.
c) Heute, da ich es jeden Tag mache.

Die Schwächen einer passiven Lebenseinstellung zeigen sich vor allem dadurch, wie sehr man ohne Zielsetzung auf der Stelle tritt. Sie können nicht irgendwohin gelangen, wo Sie noch niemals waren, wenn Sie Ihre Reise nicht planen. Jede der obigen »a«-Antworten soll verdeutlichen, wieso Sie mit Ihrer aktuellen Lebenssituation unzufrieden sind. Wie können Sie sich darüber beschweren, dass nichts so läuft, wie Sie es gerne hätten, wenn Sie nicht einmal wissen, was Sie wirklich wollen?

Die Falle, in die viele Menschen tappen, besteht darin, sich selbst einzureden, sie hätten Ziele – aber dann all diese Ziele in negativen Begriffen auszudrücken. Wie Sie bereits erfahren haben, wird einem wahrscheinlich das widerfahren, was man sich nicht erhofft, wenn man sich zu sehr darauf konzentriert. Die ersten beiden Antworten unter »b« illustrieren diese negative mentale Einstellung.

Wie beim Gebet sollten Sie auch hier darauf achten, dass Sie positiv ausgedrückte Ziele nicht erreichen werden, wenn Sie sie sich nur wünschen. Sie müssen eine aktive Rolle einnehmen, um sie zu erreichen, und bereit sein, etwas zu investieren, egal worum es dabei geht. Ob Sie unglaublich reich werden wie Henry

Ford, indem Sie einer ganzen Nation Automobile verkaufen, oder wie Henry Fonda, weil Sie die Menschen außergewöhnlich gut unterhalten; um etwas zu erhalten, müssen Sie etwas geben. Das ist die Lektion der dritten Antwort unter »b«.

Die vierte »b«-Antwort unterstreicht, wie wichtig es ist, sich auf die eigenen Ziele zu konzentrieren. Jeden Tag beeinflussen viele Ihrer Entscheidungen, ob Sie diese realisieren können. Um hier am besten vorzugehen, sollten Sie sich regelmäßig an den Inhalt Ihrer Ziele erinnern, damit Sie diese auch verfolgen können.

Die »c«-Antworten repräsentieren die fokussierte Lebensperspektive, die eine Zielsetzung mittels PME uns ermöglicht. Sie sind sich über Ihre Gedanken im Klaren und konzentrieren sich auf das, was Sie wollen. Sie verfügen über einen Plan, um Ihre Träume zu verwirklichen, und überprüfen diesen regelmäßig. Auf diese Weise bringen alle Ihre Handlungen und Ihre Gebete Sie Ihrem gewählten Ziel näher.

Wahrscheinlich werden Sie an mehreren Punkten in Ihrem Leben darüber nachdenken, Ihre Ziele zu verändern. Lassen Sie sich in diesem Fall nicht stressen. Wir werden alle weiser und stoßen auf unerwartete Chancen. Wenn Sie sich bewusst sind, was Sie wollen, und aus Erfahrung wissen, dass Sie auf der richtigen Spur sind, werden Sie diese Chancen analysieren und sie voll Selbstvertrauen ergreifen können. Das ist die Essenz von PME.

Bonus: Stecken Sie einen Zettel mit Ihren notierten Zielen für diesen Tag in Ihre Hosentasche. Das wird Sie jedes Mal, wenn Sie nach Kleingeld oder Ihren Schlüsseln greifen, daran erinnern. Sie haben keine Hosentaschen? Dann bewahren Sie diesen Zettel an einer Stelle auf, wo Sie ihn mehrmals am Tag im Blick haben.

Worte der Weisen

»Eine Reise von 1000 Meilen beginnt mit einem einzelnen Schritt.«

LAO-TSE

»Was ihr tut, das tut von Herzen.«

KOLOSSER 3,23

»Jede noble Tat ist zuerst unmöglich.«

THOMAS CARLYLE

»Das Großartige an dieser Welt ist nicht so sehr, wo wir sind, sondern in welche Richtung wir uns bewegen.«

OLIVER WENDELL HOLMES

»Vier Schritte führen zum Erfolg: zweckvoll planen, mit Gebet vorbereiten, positiv voranschreiten, ausdauernd verfolgen.«

WILLIAM A. WARD

»Die meisten Menschen planen nicht zu versagen, sie versagen beim Planen.«

JOHN L. BECKLEY

»Es gibt Risiken und Kosten, wenn man in Aktion tritt, aber diese sind weit geringer als die langfristigen Risiken und Kosten, wenn man sich bequem zurücklehnt und nichts tut.«

JOHN F. KENNEDY

»Kraftvolles Leben wird von dynamischen Zielen motiviert.«

KENNETH HILDEBRAND

»Sie müssen sehr vorsichtig sein, wenn Sie nicht wissen, wohin Sie gehen, denn Sie kommen vielleicht nicht dort an.«

YOGI BERRA

»Ich wollte immer etwas aus mir machen, aber ich hätte konkreter sein sollen.«

LILY TOMLIN

KAPITEL 10

SCHRITT ZEHN: TÄGLICH DAZULERNEN, DENKEN UND PLANEN

Sie schulden es sich selbst, eine Positive Mentale Einstellung zu entwickeln und beizubehalten, um alles im Leben zu erhalten, was Sie begehren.

Ein Gentleman sagte einmal zu mir, er habe eine Menge Probleme. Er war unglücklich, obwohl er erfolgreich Lebensversicherungen für ein großes Unternehmen von der Ostküste verkaufte. Ich fragte ihn, ob er inspirierende Selbsthilfebücher besäße, und seine Antwort war, dass er welche in seiner Bibliothek stehen habe. Dann fragte ich ihn: »Lesen Sie sie?«

»Nein. Ich habe keine Zeit«, antwortete er.

Nun, das Interessante daran ist: Eine erfolgreiche Person würde sich die Zeit nehmen, um das Richtige zu tun; in diesem Fall, diese Selbsthilfebücher zu lesen und studieren, um finanziellen Wohlstand, Erfolg in diesem Fachgebiet oder jener Berufung oder um sowohl körperlich, geistig als auch moralisch ein gesundes Leben anzustreben.

Um das zu erreichen, ist es wichtig, dass Sie JEDEN TAG etwas Zeit allein verbringen. Das bedeutet, mindestens 15 bis 20 Minuten, in denen Sie:

1. Über Ihre Ziele nachdenken … mit PME.
2. Ihre Einstellung überprüfen … mit PME.
3. Ihre Handlungen und Ihre Gedanken unter die Lupe nehmen … mit PME.
4. Inspirierende Texte zur Selbsthilfe lesen, die Sie zum Handeln anregen, und sei es nur ein Absatz, eine Seite oder ein Kapitel … mit PME.
5. Sich die Zeit nehmen, etwas zu lernen, nachzudenken und zu planen … mit PME.

LEARNING BY DOING

TÄGLICH DAZULERNEN, NACHDENKEN UND PLANEN

Machen Sie sich bereit, Ihr Leben ab sofort enthusiastisch mit PME zu leben. Was wollen Sie lernen? Lesen Sie zuerst etwas Inspirierendes wie ein Editorial oder einen Artikel über Selbsthilfe, der Sie zum Handeln anregt; oder hören Sie sich etwas an, das Sie motiviert. Sie müssen sich nur 15 Minuten Zeit nehmen oder ein kurzes Kapitel lesen, aber versuchen Sie, zu verstehen, was der Autor sagen will. Benutzen Sie, wenn nötig, ein Wörterbuch. Legen Sie fest, welche Prinzipien auf Sie anwendbar sind. Prägen Sie sich hilfreiche Selbstmotivatoren ein. Wählen Sie einen Ort, an dem Sie sich ungestört konzentrieren können. Halten Sie einen Notizblock und einen Bleistift oder Kugelschreiber bereit. Sie sollten künftig stets ein Notizbuch mitführen, in das Sie Lösungen, Selbstmotivatoren und Ideen eintragen, die Sie sich regelmäßig ansehen und überprüfen sollten. (Wenn Ihnen keine weiteren Ideen kommen, wird dieses Buch Ihnen eine reiche Quelle bieten, um immer wieder mit Vergnügen darin zu lesen. Am Ende dieses Buches finden Sie Lektürevorschläge.)

Meine erste Studienressource ist: __________

W. Clement Stone erklärte mir einst den Unterschied zwischen einem Roman und einem Selbsthilfebuch. Bei einem Roman schreibt der Autor den Schluss. Bei einem Selbsthilfebuch schreibt der Leser den Schluss, indem er danach handelt.

Bereiten Sie sich darauf vor, Ihre eigene Erfolgsgeschichte zu verfassen. Finden Sie die Zeit dafür; nehmen Sie sich die Zeit bewusst. Wählen Sie den besten Zeitpunkt am Tag, den Sie fürs Lernen, Nachdenken und Planen freihalten können.

Meine Zeit zum Lernen/Nachdenken/Planen ist: __________

Selbsttest

Stellen Sie sich folgende Fragen:

1. Welche Verpflichtung bin ich eingegangen, um täglich eine gewisse Zeit zum Lernen, Nachdenken und zum Planen meiner weiteren Schritte, die mich meinen Zielen näherbringen, freizuhalten?

a) Keine.
b) Ich nehme mir die Zeit, die ich finde.
c) Ich halte mir jeden Tag eine bestimmte Zeit frei, in der ich mich von nichts ablenken lasse.

2. Ihre Freunde laden Sie ein, am Ende eines hektischen Tages etwas gemeinsam zu unternehmen. Sie hatten vorgehabt, Ihre freie Zeit mit Lernen, Planen und Nachdenken zu verbringen. Was tun Sie?

a) Sie gehen mit.
b) Sie sagen sich, dass Sie sich etwas entspannen und nicht noch weiter konzentrieren sollten.
c) Sie sagen zu, sich mit den anderen zu treffen, nachdem Sie etwas Zeit mit Studieren verbracht haben. Denn Ihnen ist klar, dass Sie gerade nach einem anstrengenden Tag Ihren Vorsatz, Ihre Ziele zu verfolgen, bestätigen und Ihre Entschlusskraft stärken sollten.

3. Wie wählen Sie Ihre Lektüre aus?

a) Was ist Lektüre?
b) Sie suchen nach etwas, das Ihnen eine Ablenkung von Ihrer stressigen Alltagsroutine bietet.

c) Sie wählen verschiedenes aus: Biografien, inspirierende Werke, Selbsthilfebücher oder Tonaufnahmen, Analysen aktueller Ereignisse und großartige Literatur.

4. Wenn Sie ein Werk zu Ende gelesen haben, was tun Sie als Nächstes?

a) Eine Pause machen.
b) Sich so schnell wie möglich etwas Neuem widmen.
c) Sich die Zeit nehmen, um die Schlussfolgerungen aus Ihrer Lektüre zu bedenken und welche Auswirkungen sie auf Ihr Leben haben könnten. Machen Sie sich Notizen in Ihrem Tagebuch über gewonnene Einsichten oder besonders wichtige Zitate aus Ihrer Lektüre.

Wenn Sie beginnen, sich Zeit fürs Lernen und Planen im Sinne von PME zu nehmen, werden Sie schnell erkennen, dass diese Zeit sich wirklich auszahlt. Es mag zuerst wie Arbeit wirken, aber erinnern Sie sich daran, was Thomas Edison gesagt hat: »Die meisten Menschen erkennen eine Chance nicht, weil sie einen Overall trägt und wie Arbeit aussieht.«

Die Antworten unter »a« repräsentieren eine komplette Vermeidungshaltung gegenüber der Begeisterung und Befriedigung, die aus einer gut genutzten Zeit entstehen. Wieso sollte man es vermeiden, über all das Gute nachzudenken, das einem widerfahren könnte? Wenn jemand Ihnen sagte, dass Sie Ihr Wissen mit nur 20 Minuten Aufwand am Tag verdoppeln können, würden Sie diese 20 Minuten nutzen? Natürlich würden Sie das tun.

Aber Sie müssen sich verpflichten, sich die benötigte Zeit zu nehmen. Das ist ein fundamentaler Teil dessen, was Dennis Conner die »Verpflichtung, sich zu verpflichten« nennt. Die Antworten unter »b« zeigen, dass Sie auf allerlei Ablenkung stoßen und Entschuldigungen finden werden, um so die festgelegte Zeit nicht für Ihr Studium zu nutzen. Wenn Sie diese Verpflichtung nicht einhalten, werden Sie auch keinerlei Nutzen erhalten. Und dann werden Sie eine weitere Entschuldigung parat haben, die Versprechen gegenüber sich selbst nicht einzuhalten.

Der Schlüssel, um die Zeit fürs Studieren und Planen gewinnbringend zu gestalten, besteht darin, sich selbst herauszufordern. Erforschen Sie neue Welten und Philosophien, die ein frisches Licht auf Ihre Situation werfen. Dafür gibt es zahllose Wege. Gibt es irgendein Fachgebiet, über das Sie gerne mehr lernen würden, weil es Sie schon immer fasziniert hat, das Sie aber nie genauer angegangen sind? Wieso nicht jetzt damit beginnen? Es muss nicht immer einen unmittelbaren Nutzen haben, aber es wird sich vermutlich auf eine Weise bezahlt machen, die Sie jetzt noch gar nicht vorhersehen können. Nehmen wir an, Sie interessieren sich für erlesene Weine. Während Sie lesen, werden Sie viel Wissenswertes über Geografie, Landwirtschaft, Geschichte, Essen, verschiedene Kulturen, Chemie und sogar Marketing lernen. Welches dieser Themen wollen Sie als Nächstes betrachten? Welche Gelegenheiten würden sich dabei auftun?

Denken Sie daran, dass die Zeit lange hinter Ihnen liegt, als Sie in die Schule gehen mussten, weil Sie sonst bestraft worden wären. Die Zeit, die Sie nun verbringen, wählen nur Sie. Sorgen Sie dafür, dass sie sich bezahlt macht.

Bonus: Wenn Sie nur 20 Minuten am Morgen oder 20 Minuten am Abend investieren können, sind das fast fünf Stunden pro Woche, die Sie sich selbst schenken. In einem Jahr werden Sie fast eineinhalb Wochen »Zeit gefunden« haben. Das ist die Zeit, die Sie fürs Studium, Nachdenken, Planen und Beten verwenden können.

Ich empfehle Ihnen, sich in Ihrer Freizeit Zeit zu nehmen, um sich mithilfe von PME, einer Positiven Mentalen Einstellung, auf Denkprozesse einzulassen. In puncto kreatives Denken erinnere ich mich an eine wahre Geschichte, die Sie interessieren könnte, so wie sie mich bewegt hat, als ich sie von W. Clement Stone hörte. Als Anthony Athanas vor etwa acht Jahren das Restaurant Anthony's Pier 4 in Boston eröffnete, wen glauben Sie, hat er zur Eröffnung eingeladen? Den Präsidenten, Gouverneur oder Persönlichkeiten, die aus Fernsehen, Film und Theater bekannt waren? Nein. Er lud so viele Taxifahrer und ihre Frauen oder Freundinnen in Boston ein, wie teilnehmen konnten. Anthony's Pier 4 ist eines der erfolgreichsten und profitabelsten Restaurants in Amerika. Wenn Sie in Boston sind, setzen Sie sich in ein Taxi, so wie ich es getan habe, und fragen den Fahrer: »Was ist das beste Restaurant in der Stadt?« Sie können sich denken, wie die Antwort lautet. Anthony ist erfolgreich, weil er gefunden hat, was er suchte, indem er sich die Zeit nahm, zu lernen, nachzudenken und zu planen.

Nutzen Sie diese Strategien:

1. Konditionieren Sie sich mental. Sofern Sie religiös sind, wird es Ihnen helfen, für eine Anleitung zu beten, denn Ihre größte Kraft ist die des Gebets.
2. Es wird Sie weiterbringen, über sich selbst, Ihre Familie, Ihr Unternehmen oder Ihren Beruf und die Verbesserung Ihrer finanziellen Situation sowie alles andere nachzudenken, das Sie interessiert. Es zahlt sich aus, sich ein bestimmtes Ziel und ein Zeitlimit dafür zu setzen. Sie können mehr als ein konkretes Ziel verfolgen, solange Ihre Ziele nicht miteinander in Konflikt stehen.

3. Stellen Sie sich ein paar Fragen. Schreiben Sie sie auf. Anthony Athanas fragte sich zum Beispiel: »Wen sollte ich zum Eröffnungsabend einladen, der wichtig ist, um möglichst viele Kunden ins Anthony's Pier 4 zu locken?« Er kam auf die Antwort, indem er kreativ überlegte. Denken Sie über verschiedene Möglichkeiten als Antworten auf Ihre Fragen nach. Schreiben Sie sie auf. Treffen Sie die Entscheidung danach, was Ihnen am vorrangigsten erscheint. Notieren Sie diesen Entschluss ebenfalls in Ihrem Notizbuch.
4. Es empfiehlt sich, sich regelmäßig, am besten täglich, zu überprüfen. Nutzen Sie Ihr Notizbuch täglich.

Worte der Weisen

»Die Zeit ist das Wertvollste, das ein Mensch ausgeben kann.«

LAERTIUS DIOGENES

»Fleiß ist der Vater des Glücks, und Gott gibt den Fleißigen.«

BENJAMIN FRANKLIN

»Du wirst niemals wissen, was genug ist, solange du nicht weißt, was mehr als genug ist.«

WILLIAM BLAKE

»Die Höhen, zu denen große Menschen gelangt sind,
Wurden nicht erreicht durch plötzlichen Höhenflug,
Doch während ihre Zeitgenossen schliefen,
Mühten sie sich nachts empor.«

HENRY WADSWORTH LONGFELLOW

»Ein Gefühl der Neugier ist die Schule der Natur.«

SMILEY BLANTON

»Nichts im Leben ist aufregender und lohnender als die plötzliche Einsicht, die einen selbst verändert – nicht nur verändert, sondern auch verbessert.«

ARTHUR GORDON

»Für mich war und ist es ein revolutionärer Akt, etwas zu lesen. Es erweitert meinen Geist und gibt mir die nötigen Werkzeuge an die Hand, um meine Inspiration, meinen

Verstand und die Gesellschaft zu revolutionieren … Lesen Sie, lernen Sie und träumen Sie.«

Bertice Berry

KAPITEL 11

EIN MANN, DER JEDEN TAG VON PME PROFITIERT

Die Macht von PME ist gewaltig. Sie kann Sie überallhin tragen, wo Sie hinwollen. Sie hat schon zahllosen Menschen geholfen, sich aus einfachen Umständen in Positionen aufzuschwingen, in denen sie zu Reichtum, Glück und Erfolg gelangten.

Eines der inspirierendsten Beispiele dafür, was PME leisten kann, liefert uns W. Clement Stone, ein Mann, der es sich zur Aufgabe machte, PME in jeder erdenklichen Weise zu nutzen. Sein Leben beweist, was eine positive, konstruktive Einstellung zu bewirken vermag. Ich habe fast 50 Jahre mit ihm zusammengearbeitet und ich kenne niemanden, der mehr von PME profitierte als er.

Egal wie man es betrachtet, ist Stones Leben eine Erfolgsstory. Er wurde 100 Jahre alt, war 75 davon mit derselben Frau verheiratet, brachte es zu einem Vermögen, genoss sein Glück und erwarb sich den Respekt seiner Mitmenschen. Das Vermögen des emeritierten Chairmans der Aon Insurance Companies, einer der größten Versicherungsgesellschaften in Amerika, wurde auf mehrere Millionen Dollar geschätzt. Er spendete Hunderte Millionen Dollar an Wohltätigkeitsorganisationen und Bedürftige.

Als Autor von drei Büchern hatte Stone auch das Vergnügen, seine Vorstellungen von PME mit Tausenden Menschen zu teilen, die ebenso zu Wohlstand kamen, indem sie für ihn arbeiteten. Er war ein unermüdlicher Verfechter der Macht einer positiven mentalen Einstellung. Durch seine Worte und Taten bewies er jedem, dass PME Wunder wirken kann.

Werfen wir einen Blick auf die zehn Schritte hin zu PME, die er in seinem Buch aufführt, und sehen wir, wie W. Clement Stone jeden einzelnen davon umgesetzt hat. Indem Sie sein Leben genauer betrachten, können Sie noch weitere Wege entdecken, die Macht von PME in Ihrem eigenen Leben zu nutzen.

SCHRITT EINS: NUTZEN SIE ENTSCHLOSSEN IHREN VERSTAND

Erinnern Sie sich an den Glaubenssatz, den Sie sich als Teil dieses Schritts zu eigen machen sollten? Einer der wichtigsten Sätze darin ist:

> Ich glaube, dass ich meine Emotionen, Stimmungen, Gefühle, meinen Intellekt, meine Neigungen, Einstellungen, Leidenschaften und Angewohnheiten selbst steuern und kontrollieren kann, indem ich eine Positive Mentale Einstellung entwickle.

Hören Sie sich an, was Stone dazu äußerte, seinen eigenen Geist zu kontrollieren:

»Ich halte es seit Langem so, Gedanken und Sprüche auszuwählen, die ich mir sofort ins Bewusstsein rufen kann, um die negativen Einflüsse des alltäglichen Lebens zu kontern …

Seit meiner Teenagerzeit habe ich mich bewusst darauf gedrillt, negative Suggestionen anderer zu neutralisieren. Wenn jemand zu mir sagte: ›Das ist unmöglich‹, oder ›Du kannst das nicht schaffen‹, ließ mein Unterbewusstsein sofort eine Botschaft an mein Bewusstsein los, die das Ganze ins Positive wendete: ›Er kann es nicht, aber ich kann es!‹ Ich praktizierte dies so häufig, dass es zu einer automatischen, sofortigen Reaktion wurde.

Stone übertreibt hier nicht, sondern spielt die wahre Geschichte sogar noch herunter. Er wurde im Chicago der Jahrhundertwende geboren, verlor seinen Vater, als er erst drei Jahre alt war. Seine Mutter arbeitete hart, um die beiden durchzubringen, aber sie hatten so wenig Geld, dass Stone im zarten Alter von sechs Jahren damit anfing, Zeitungen an der Straßenecke zu verkaufen. Die anderen Zeitungsjungen waren alle Teenager und der Umgang war rau: Sie verprügelten den kleinen Jungen, um ihn zu vertreiben.

Aber Stone ließ sich davon nicht aufhalten. In Restaurants und Geschäften suchte er nach Kunden. »Ich lernte nach und nach, meine Angst durch aktives Handeln zu überwinden.« Diese Fähigkeit, auch im Angesicht der Furcht zu handeln, ist die Essenz des Einsatzes von PME: Die positiven Kräfte des Geistes den negativen Kräften, die Ihnen im Leben begegnen, entgegenzusetzen.

Es ist nicht immer einfach, auf eine negative Erfahrung mit positiven Gedanken und Handlungen zu reagieren. Deswegen nutzte Stone stets Selbstmotivatoren, griffige Gedanken, die man sich sofort ins Bewusstsein rufen kann, um die eigene PME zu befeuern.

Hier einige von Stones persönlichen Selbstmotivatoren:

- Tu es JETZT!
- Wir haben ein Problem – das ist gut!

- Greife nach den Sternen!
- In jeder Widrigkeit steckt der Same eines gleichwertigen oder größeren Nutzens für diejenigen, die über PME verfügen!
- Erfolg erreichen jene dauerhaft, die es mit PME immer und stets aufs Neue versuchen!

Achten Sie auf empathische Selbstmotivatoren. Sie enden mit einem Ausrufezeichen, um stärker auf Stone zu wirken. Darauf kommt es an, wenn man sich seines eigenen Verstands bedient: Sie bestimmen, mit welcher Einstellung Sie an alles herangehen. Wie es Stone ausgedrückt hat:

Die maßgebliche Charaktereigenschaft, die erfolgreiche Menschen von denjenigen unterscheidet, die zahlreiche Niederlagen erleiden, ist eine Positive Mentale Einstellung. Situationen, die eine negativ eingestellte Person als problematisch sieht, bewertet jemand, der gemäß PME lebt, als Chancen. Ihrem zukünftigen Glück sind keine Grenzen gesetzt, wenn Sie den positiven Weg wählen. Und mit der Einstellung eines Siegers werden Sie bald feststellen, dass es allein von Ihnen abhängt, wie viel Sie verdienen und ob Sie ein Vermögen aufbauen.

SCHRITT ZWEI: KONZENTRIEREN SIE SICH AUF DAS, WAS SIE WOLLEN, ANSTATT AUF DAS, WAS SIE NICHT WOLLEN

Dieser Schritt ist die logische Folge von Schritt 1, die spezifische Anwendung der allgemeinen PME-Idee. Hier gilt es, zu üben und aufmerksam zu bleiben, wobei sich Ihnen ein doppelter Nutzen bietet: 1) Sie befreien sich von Angst und Sorge, und 2) Sie versetzen sich in die richtige Lage, um sich jedweden Wunsch zu erfüllen.

»Von Geburt an werden wir negativ konditioniert«, gab Stone zu. »Man sagt uns immer wieder, was wir unterlassen sollen oder wieso etwas unmöglich sei. Es erfordert eine entschlossene, bewusste und beständige Anstrengung, um negative Kräfte in den Griff zu bekommen.«

Als jemand, der mehr als 90 (!) Jahre in der Handelsbranche tätig war, wusste Stone, wovon er sprach. Jede Begegnung mit einem potenziellen Kunden konnte mit sich bringen, dass jemand ihm etwas abschlug. Selbst der beste Verkäufer kennt das. Aber der Schlüssel, um mit potenziellen Enttäuschungen fertigzuwerden, besteht darin, nicht mit einem »Nein!« zu rechnen. Stattdessen gilt es, all Ihre Gedanken auf »Ja!« zu fokussieren.

»Der kleine Unterschied zwischen Glück und Erfolg sowie Leid und Fehlschlag richtet sich danach, ob man positiv oder negativ eingestellt ist«, äußerte Stone oft. »Ihre Haltung gehört zu dem wenigen im Leben, was Sie vollkommen steuern können.«

Stone nannte folgende Tipps, um den eigenen Verstand positiv zu stärken, wann immer eine Situation auftritt, in der negative Gedanken Sie zu überwältigen drohen:

- Enthusiastisch vorbereiten. Gehen Sie eine anstehende Aufgabe an, wie ein Profisportler sich auf das nächste Spiel konzentriert oder ein Schauspieler sich auf seinen Auftritt fokussiert. Sie wollen viel erreichen – gestatten Sie sich, Ihren bevorstehenden Erfolg enthusiastisch mental vorwegzunehmen.
- Selbstsicher sein. Egal wie ein Gespräch verläuft, gehen Sie davon aus, einen »Abschluss« zu machen. Ihr potenzieller

Kunde wird entweder argumentieren, wieso er Ihr Produkt oder Ihre Dienstleistung nicht braucht, oder Sie werden ihm Ihr Angebot verkaufen. Begeben Sie sich selbstsicher in diese »Verkaufssituation« und versichern Sie sich, dass Sie den Handel unter Kontrolle haben und verkaufen werden. Falls es Ihnen schwerfällt, selbstsicher zu sein, tun Sie einfach so, als wären Sie es – das Gefühl des Selbstvertrauens wird sich einstellen.

- Spannung lösen. Falls Sie nervös oder ängstlich sind oder Ihre Emotionen nicht im Griff haben, sprechen Sie mit enthusiastischem Tonfall, um sich zu beruhigen. Ihre Emotionen gehorchen nicht immer Ihrem Verstand, aber sie lassen sich durch Ihr Verhalten beeinflussen. Eine effektive Methode besteht darin, mit Ihren Augen und Ihrem ganzen Gesicht zu lächeln. Lachen Sie und seien Sie humorvoll, um Spannungen abzubauen. Das hilft auch anderen, lockerer zu sein, denn sie werden mit Ihnen lachen oder lächeln. Egal wie andere gelaunt sind, Sie können ihre Reaktionen durch Ihre Art zu sprechen und zu handeln beeinflussen.

Stone hat diese Methoden perfektioniert. Stets elegant nach seinem eigenen Stil gekleidet und mit seinem Markenzeichen, dem nach oben gezwirbelten Schnurrbart, der seinem Mund den Anflug eines Lächelns verlieh, begann er jedes Meeting – ob mit dem Vorstand oder mit Verkäufern – mit guten Neuigkeiten, normalerweise nannte er dabei mindestens fünf Punkte. Er nutzte die Begeisterung über alles Positive, das jüngst geschehen war, um sich selbst zu motivieren. Mit diesem Elan steckte er dann alle anderen im Raum an. Er mochte vor Ort sein, um über einen Misserfolg zu berichten oder um zu Mitarbeitern zu sprechen, die nicht die geforderte Leistung lieferten. Aber egal zu welchem Zweck, er schaffte es, die Gedanken aller anderen positiv einzustimmen; und so stellte er sicher, dass es voranging.

Stone zeigte noch auf andere Weise, in welchem Umfang er seinen Verstand fokussieren konnte: In all den Jahren, die ich ihn als Freund und Geschäftspartner kannte, habe ich ihn nie mit einem stärkeren Wort als »Mist!« auf einen Misserfolg reagieren hören. Für einen Mann mit einem mehrere Millionen Dollar schweren Imperium, der häufig genug mit unwillkommenen Nachrichten konfrontiert war, die sich einstellen, wenn man sehr umtriebig ist, ist dies ein erstaunliches Beispiel mentaler Kontrolle.

Jeder flucht mal, was kaum als Zeichen für Unausgeglichenheit zu werten ist. Aber meist ist es ein Ausbruch von Zorn oder Frustration, der offenbart, wie stark sich etwas Negatives auswirken kann, das uns überrascht. Stones erstaunliches Verhalten zeugt davon, wie sehr er seine mentalen Reaktionen konditioniert hatte, um in jeder Situation positiv zu bleiben.

Jedes Mal, wenn Sie es bei einem Rückschlag schaffen, Ihre mentale Einstellung im Griff zu behalten, ist es wie ein neuer Sieg. So wird Ihr Verstand immer fitter und leistungsfähiger. Stone zufolge ist PME »ein Prozess, den wir in jedem wachen Augenblick praktizieren müssen, bis es zu unserer Angewohnheit wird, auf Selbstzweifel mit Selbstvertrauen zu reagieren. Genau wie ein Muskel, den man trainiert und konstant nutzt, kräftiger und widerstandsfähiger wird, stärkt sich auch Ihr Verstand«.

KAPITEL 11

Schritt drei: Leben Sie nach der Goldenen Regel

Behandle andere so, wie du selbst behandelt werden willst. Sie haben dies vermutlich seit der Kindheit schon so oft gehört, dass Ihr Verstand bei der Wiederholung dieses Spruchs abschaltet. Doch in diesem Fall berauben Sie sich der Erkenntnisse und Vorteile, die eine der fundamentalsten PME-Ideen bereithält.

Während seiner langen Karriere hatte Stone mit Tausenden und Abertausenden von Verkäufern und anderen Mitarbeitern zu tun. Bei all diesen Beziehungen brachte er sich stets freigiebig ein, denn er wusste, auch wenn es ihn Zeit und Geld kostete, würde er es auf die ein oder andere Weise zurückerhalten.

Ich war gerade frisch verheiratet und wollte mein erstes Haus kaufen, als ich erleben durfte, wie großzügig Stone sein konnte. Ich hatte mich um einen Kredit beworben, der jedoch abgelehnt wurde, weil mir 30 Dollar Gehalt im Monat fehlten, um für die Hypothek qualifiziert zu sein. Nun, da ich so nah dran war, wusste ich, dass ich bald genug verdienen würde. Meine Frau und ich würden dann sicher ein anderes Haus finden, das uns genauso gut gefiel.

Aber dieser Vorfall sprach sich im Unternehmen herum und Stone rief mich überraschend in sein Büro. »Mike, stimmt es, dass du nur 30 Dollar pro Monat mehr brauchst, um dieses Haus zu bekommen?«, fragte er mich. Als ich bejahte, sah er überrascht, fast tief getroffen aus.

»Wieso bist du nicht zu mir gekommen? Ich hätte dir gerne geholfen.« Und er gab mir an Ort und Stelle die nötige Gehaltserhöhung, um mein erstes Eigenheim zu kaufen.

30 Dollar pro Monat war für Stone nicht viel, aber für meine Frau und mich machte es einen Riesenunterschied. Und auch wenn Stone mir das Geld einfach so gegeben hatte, zahlte ich es

ihm zurück, indem ich härter arbeitete als je zuvor, jeden Abend länger in der Firma blieb und auch an den Wochenenden ins Büro kam, damit er sah, dass ich seine Gefälligkeit zu schätzen wusste.

Diese spontane Großzügigkeit war typisch für Stone. Manchmal berichtete eine Zeitung, dass das Haus einer Familie zerstört oder dass einem Ehepaar Geld gestohlen worden war. Ein paar Tage später erschien dann ein anderer Artikel über einen geheimnisvollen Wohltäter, der die Kleidung der Familie ersetzt oder dem Paar die Hotelrechnung oder die Fahrkarte nach Hause bezahlt hatte.

Wer von uns den besorgten Gesichtsausdruck auf Stones Gesicht gesehen hat, als er von diesen Geschichten erfuhr, wusste, dass der kleine Junge, der mit sechs Jahren zu arbeiten begonnen hatte, sicher der mysteriöse Wohltäter war. Es gehörte zu seinen Interessen. »Je mehr wir verdienen, desto mehr müssen wir mit anderen teilen«, sagte er einmal. »Das eine, das ich mit Sicherheit gelernt habe, ist, dass wahrlich erfolgreiche Menschen ihren Reichtum stets mit anderen teilen. Sie wissen aus Erfahrung, dass man sich wunderbar fühlt, wenn man von sich aus etwas gibt – wenn man Gutes tut, ohne eine Belohnung zu erwarten. Und je mehr Sie mit anderen teilen, desto motivierter werden Sie.«

Stone wendete die Goldene Regel nicht nur durch kleine Gesten an. Er spendete große Beträge an viele geeignete Institutionen oder für sinnvolle Projekte, inklusive so unterschiedlicher Gruppen wie dem American Indian Center, den Boys and Girl Clubs of America, der Chicago Lyric Opera, der Massachusetts Eye and Ear Infirmary, der National Conference of Christians and Jews und der Heilsarmee.

Sein außerordentlicher Erfolg gestattete es Stone, außergewöhnlich großzügig zu sein, aber hinter dieser Großzügigkeit steckte eine Überzeugung, die ich ihn einmal in einfachen Begriffen ausdrücken hörte. Jemand fragte ihn scherzend, ob er nicht befürchte, dass einige der Menschen, denen er half, ihn nur für ein paar schnelle Dollar ausnutzten. Stone lächelte und sagte: »Ich kann nie wirklich wissen, ob jemand, der zu mir kommt, nur ein Opportunist ist oder von Gott zu mir geschickt wurde, weil er wirklich bedürftig ist. Aber ich handle immer so, als kämen sie zu mir, weil Gott will, dass ich ihnen helfe. Ich kann nicht anders, als all das Gute, das er mir erwiesen hat, zurückzugeben.«

Vielleicht können Sie noch nicht mit Ihrem Geld so großzügig umgehen, wie Sie gerne würden. Aber Sie können bedürftigen Menschen etwas von Ihrer Zeit, Ihrem guten Willen und Ihrem Enthusiasmus schenken – sogar Leuten, die nicht darum gebeten haben. Wenn Sie respektvoll und fair mit jedem umgehen, dem Sie begegnen, dürfen Sie zuversichtlich erwarten, dass diejenigen Ihnen ebenfalls einen Gefallen erweisen.

SCHRITT VIER: LÖSCHEN SIE ALLE NEGATIVEN GEDANKEN DURCH SELBSTANALYSE

Wir alle denken manchmal negativ; es ist menschlich, Angst zu haben und zu zweifeln. Aber erfolgreiche Menschen entlarven diese Gedanken und kontern sie.

Stones Einstieg ins Versicherungsgeschäft, das ihn erfolgreich machen sollte, war nicht einfach. Seine Mutter hatte gerade eine kleine Agentur in Detroit gekauft und gab ihrem Sohn nur einen Tag, sich in ihr Versicherungsangebot einzuarbeiten, bevor sie auf das große Bürogebäude gegenüber zeigte und ihn anwies, dort Versicherungen zu verkaufen.

An diesem ersten Tag verkaufte Stone nach zahllosen Versuchen nur zwei Policen. Am zweiten Tag verkaufte er vier, am nächsten sechs. Er verbesserte sich stetig. Aber ihm war immer noch jeden Morgen mulmig zumute, wenn er das Gebäude betrat. »Ich hatte meine Angst, durch so eine Tür zu treten, noch nicht besiegt.« Er erinnert sich:

> »Aber nach reiflicher Überlegung dachte ich mir: ›Der Erfolg kommt zu jenen, die es versuchen. Und wenn du bei deinen Versuchen nicht viel zu verlieren hast, aber eine Menge gewinnen kannst, wenn du erfolgreich bist – dann versuche es auf jeden Fall.‹
>
> Diese Selbstmotivatoren schienen meinen Verstand etwas zu besänftigen. Aber ich hatte immer noch Angst. Daher musste ich handeln. Und so stieß ich auf einen großartigen Selbstmotivator: Tu es JETZT!
>
> Auf diese Weise, so stellte ich fest, konnte ich mich selbst dazu zwingen, die Initiative zu ergreifen. Wenn ich ein Büro verließ, eilte ich zum nächsten. Wenn ich das Gefühl hatte, zu zögerlich zu sein, wiederholte ich einfach nur mir selbst gegenüber: ›Tu es JETZT!‹
>
> Sobald ich Geschäftsräume betrat, war ich immer noch unsicher. Aber ich lernte bald, wie ich meine Angst, mit Fremden zu reden, eindämmen konnte, indem ich meine Stimme kontrollierte. Ich redete laut und schnell – aber lächelte dabei – und modulierte meine Stimme. Später erfuhr ich, dass diese Technik auf einem fundierten psychologischen Prinzip beruhte, das Professor William James an der Harvard University gelehrt hatte: Emotionen wie Angst lassen sich nicht immer vom Verstand kontrollieren, aber sie lassen sich durch Handlungen steuern. Wenn Gedanken

eine unerwünschte Emotion nicht ausräumen, so kann man sie kontrollieren, indem man handelt.

So hatte ich es schon als Zeitungsjunge gemacht. Wenn Sie handeln und sich weiter anstrengen, obwohl Sie Angst haben, beseitigen Sie diese negative Emotion letztendlich.

Angst zu überwinden erfordert Mut, Ausdauer und Zähigkeit. Das alles sind Angewohnheiten, die man durch entsprechendes Denken und Handeln entwickelt. Aber auch ohne sich dessen bewusst zu sein, verfügen Sie potenziell bereits über Mut, Ausdauer und Zähigkeit. Denn wenn Sie irgendeine Ihrer potenziell vorhandenen Stärken einsetzen, wird es für Sie zur Gewohnheit werden. Wie Sie wissen, entwickelt man Angewohnheiten, indem man sie einübt. Und wenn Sie sich angewöhnen, sich Ziele zu setzen, geistig standzuhalten, Mut und Durchhaltevermögen sowie Ausdauer aufzubringen und stets nach hohen Verkaufszahlen zu streben, dann werden Sie tatsächlich verkaufen.«

Bei jedem Vorhaben, das es wert ist, hilft Ihnen die Macht der Wiederholung. Ihr Verstand wird darauf programmiert, sich über Hindernisse und Rückschläge zu erheben und nicht über aufkommenden deprimierenden Gedanken zu grübeln. Und dennoch denken auch Menschen, die es gewohnt sind, nach PME zu agieren, gelegentlich negativ.

Das kann Ihnen leicht passieren, wenn sich bei Ihnen ein negativer Gedanke in Form einer Beschwerde über jemanden einschleicht. Sie scheinen sich positiv zu äußern – schließlich sagen Sie ja nichts Schlechtes über *sich selbst*. Aber jemanden niederzumachen, indem man seine Arbeitseinstellung oder etwas anderes an dieser Person kritisiert, zeigt eine negative Einstellung, und Sie machen sich nur etwas vor, wenn Sie glauben, dadurch besser dazustehen.

Stone war Vorgesetzter einer großen Schar von Verkäufern und hörte oft, wie Angestellte übereinander herzogen. Wann immer er es mitbekam, dass jemand einen Kollegen schmähte – oder auch, wenn jemand dabei auf ein echtes Problem hinwies –, sagte er: »STOPP! Lassen Sie sich fünf positive Dinge einfallen, die Sie mir über diese Person erzählen können, und überlegen Sie dann, ob Sie noch etwas anderes dazu zu sagen haben.«

Diese Methode ist so wirkungsvoll, weil sie die Person dazu zwingt, zuerst einen Blick auf die positive Seite zu werfen. Nahezu jedes Mal erschienen die schlechten Aspekte irrelevant, nachdem man erst einmal fünf positive Dinge aufgezählt hat.

Der gleiche Ansatz funktioniert, wenn Sie merken, wie sich ein negativer Gedanke beständig in Ihren Verstand schleicht. Finden Sie fünf positive Gedanken, die sich auf dieselbe Situation anwenden lassen, und Sie werden feststellen, dass Sie sich nicht einmal mehr an Ihre anfängliche Beschwerde erinnern können.

SCHRITT FÜNF: SEIEN SIE FRÖHLICH! SCHENKEN SIE ANDEREN FREUDE!

Fröhlichkeit ist enorm ansteckend und anziehend. Wenn Sie auf einer Party zwei Gruppen von Menschen sehen, von denen die eine lacht und grinst, während die andere Gruppe missmutig wirkt und finster dreinblickt: Bei welcher Gruppe wollen Sie dann stehen?

Wenn Sie sich bemühen, fröhlich zu sein, werden die Menschen um Sie herum ebenfalls fröhlich sein. Das ist ein einfaches Prinzip, das die meisten Leute vergessen. Es ist leicht, fröhlich zu sein, wenn alles so läuft, wie Sie es sich erhoffen, aber es ist weit wichtiger, fröhlich zu sein, wenn dem nicht so ist.

Eine von Stones Lieblingsgeschichten handelt von einer Frau, die als Großmutter Nedrow bekannt war. Großmutter Nedrow verlor im Alter ihr Augenlicht und war dadurch zuerst überaus verbittert. Aber sie nutzte ihre angeborene PME und entschied, ihre physischen Einschränkungen zu akzeptieren und stattdessen das Einzige zu ändern, das sie ändern konnte – ihre Einstellung.

Eine von Großmutter Nedrows Enkeltöchtern erzählte Stone: »Großmutter ermunterte mich immer, Gott jeden Abend für all die guten Dinge zu danken, dir mir an diesem Tag widerfahren waren, und am Morgen, wenn ich aufwachte, Ihm für all die guten Dinge in meinem Leben zu danken. Auf diese Weise begann ich jeden Tag mit einem Gefühl des Wohlbefindens und der Zufriedenheit, denn ich machte mir keine Sorgen über all das, was ich nicht ändern konnte, ich dachte bewusst an die Dinge, die ich nicht ändern wollte: All das, was ich liebte; Menschen, die mich liebten; alles Glück, das mir widerfahren war. Kurz gesagt, ohne zu wissen, was PME ist, brachte mir Oma bei, den Tag mit einer Positiven Mentalen Einstellung zu beginnen.«

Stone wusste, wie sehr persönliches Glück oder Unglück das Leben eines Menschen beeinflussen können. Auch diese war eine seiner Geschichten:

> »Ich nutzte die Geschichte über Großmutter Nedrow, um einem erfolgreichen jungen Verkaufsmanager bei der Lösung eines Problems zu helfen. Er war weder blind noch krank und verdiente relativ gut. Die meisten Menschen würden annehmen, dass er alles im Leben hatte, was man sich wünschen konnte. So war es auch! Aber sein Prob-

lem bestand darin, dass er unglücklich war, ohne zu wissen wieso.

Nach einer langen Unterhaltung mit ihm fand ich heraus, dass er unglücklich war, weil er bei anderen so viel Widerspruch hervorrief. Als Verkaufsmanager hatte er ein Gespür für die möglichen Reaktionen seiner potenziellen Kunden. Er wirkte anziehend auf sie. Aber im sozialen Umfeld und im Umgang mit seinen Mitarbeitern war er unsensibel. Er schien stets überrascht zu sein, dass andere negativ reagierten, wenn er sich mit ihnen stritt und dabei aggressiv und gedankenlos war. Sie lehnten ihn dann natürlich ab. Er wirkte abstoßend auf andere.

Ich erzählte ihm die Geschichte von Großmutter Nedrow, um zu illustrieren, wie er sein Leben verändern konnte, indem er seine Einstellung änderte. Ich sagte: ›Du bist großartig im Verkauf! Denke nur mal darüber nach, wie viel Wohlwollen du bei deinen Geschäftspartnern, deinen Angestellten und sozialen Kontakten hervorrufen könntest, wenn du deine Einstellung ihnen gegenüber von negativ zu positiv änderst – wenn du etwas sorgfältiger darauf achten würdest, was du sagst und wie du es sagst.‹

Zuerst war er defensiv, eine erwartbare Reaktion bei jemandem, der auf andere unsensibel wirkt, aber er war mehr darin interessiert, sein Problem zu lösen, als sein Verhalten zu verteidigen. Er wollte sich wirklich selbst helfen. Er fragte: ›Was würdest du empfehlen?‹

›Nutze Selbstsuggestion‹, sagte ich ihm. ›Wiederhole 50-mal am Morgen und 50-mal am Abend für eine Woche bis zu zehn Tage konzentriert das Folgende:

- Behandle andere so, wie du selbst behandelt werden willst.

- Sage und tu anderen nichts, was sie dir nicht sagen oder antun sollen.

›Du bist clever genug, dich selbst zu verkaufen, indem du im richtigen Moment das Richtige sagst – indem du mehr auf die Gefühle anderer achtest.‹

Innerhalb kürzester Zeit geschah Erstaunliches. Seine Geschäftspartner, Angestellten und Freunde bemerkten, dass er sich geändert hatte. Aber vor allem konnte er sein Leben vom Negativen ins Positive wenden – weil er seine Einstellung geändert hatte.«

Natürlich hätte Stones Rat keine so durchschlagende Wirkung gehabt, wenn er nicht selbst so extrovertiert und fröhlich gewesen wäre. Aber das illustriert nur einen der größten Vorteile, fröhlich zu sein: So schaffen Sie es, andere zum Besseren zu beeinflussen.

SCHRITT SECHS: SEIEN SIE TOLERANT

Dank einer Positiven Mentalen Einstellung sind Sie flexibel genug, auch andersdenkende Leute zu verstehen und mit ihnen zusammenzuarbeiten. In unserer modernen Gesellschaft finden Sie viele Menschen, mit denen Sie ganz und gar nicht einer Meinung sind. Aber dennoch können wir uns ausreichend respektieren, um bei einer wichtigen Sache zusammenzuarbeiten, oder versuchen, die Ursachen hinter unseren Differenzen zu verstehen.

Sie werden häufig auf Menschen stoßen, deren Vorstellungen sich von Ihren eigenen unterscheiden. Wenn Sie diese von der Liste Ihrer Freunde und Verbündeten streichen, schaden Sie sich selbst, da Sie Ihre Welt somit kleiner machen. Die vielleicht häufigste Ursache für Reibungen zwischen Menschen ist, eine Meinungsverschiedenheit als Ablehnung unserer Vorstellungen und damit unser selbst zu sehen.

Stone dachte gerne an die Geschichte einer jungen, hochmotivierten Verkäuferin, die den Besitzer eines Schuhladens besuchte, um ihm eine Versicherung zu verkaufen. Ihr Verkaufsmanager begleitete sie, sodass es um einiges ging: Sie wollte einen guten Eindruck bei ihrem Vorgesetzten machen.

Der Ladenbesitzer war nicht daran interessiert, eine Versicherung zu kaufen, und stellte dies klar. In einem kurzen Anflug von Zorn sagte die Verkäuferin: »Ich würde nie in Ihren Laden kommen, um ein Paar Schuhe zu kaufen!«

Ihre Reaktion war verständlich, aber sie war fehl am Platze und unproduktiv. Als sie den Laden verließen, wies der Verkaufsmanager sie darauf hin, dass der Ladenbesitzer ihnen höflich seine Zeit gewidmet hatte, wofür sie hätte dankbar sein sollen. Stattdessen hatte sie ihre schlechte Meinung bezüglich seiner Produkte durchblicken lassen und damit alle weiteren Verkaufschancen bei ihm vertan. Vermutlich war der Ladenbesitzer künftig angesichts dieser Erfahrung im Umgang mit Versicherungsagenten äußerst vorsichtig.

So wirken sich intolerante Reaktionen meistens aus: Beide Seiten ziehen Mauern hoch. Wie Stone sagte: »Wenn Sie sich schnell verletzt fühlen, sind Sie auch jemand, der häufig die Gefühle anderer verletzt. Ihre eigenen negativen Gedanken entfalten eine intensive negative Kraft und beeinflussen auch die Gedanken anderer. Und so denken sie ebenso negativ wie Sie. Doch wenn Ihre Gefühle selten oder niemals verletzt werden, sind Sie eher eine positive, optimistische Person, die großes Verständnis für die Gefühle anderer Menschen mitbringt. Und dann lenken Sie die Reaktionen anderer in dieselbe Richtung.«

Stone erinnerte sich außerdem: »Ich habe vor Jahren etwas gelernt, als mir an meinem Schreibtisch ein Verkäufer gegenübersaß, der über irgendetwas sehr wütend war. Ich sagte zu mir selbst: ›Geduld, Geduld, Geduld‹ und ließ mich nicht auf seinen Zorn ein. Ziemlich schnell beruhigte er sich wieder. Denn je länger wir redeten, desto deutlich merkte er, dass er falschgelegen hatte. Und als er sich beruhigt hatte, konnte ich ruhig mit ihm sprechen und wir konnten das Problem lösen. Wenn jemand wütend ist, sollten Sie nicht auch zornig werden, sondern die Situation kontrollieren.«

Stone war ein Mann starker Überzeugungen. Er war lange in der Republikanischen Partei aktiv. Auch wenn er hart arbeitete, um zu unterstützen, woran er glaubte, ließ er nicht zu, dass Meinungsverschiedenheiten ihn von Allianzen mit Menschen abhielten, mit denen er Interessen teilte. Sicher überrascht es Sie nicht, dass er das Projekt RUSH von Reverend Jesse Jackson unterstützte. Stone bewunderte Jackson, weil er Afroamerikaner dazu anhielt, hart zu arbeiten und sich durch Leistung hervorzutun. Und Stone beauftragte seine private Stiftung die Organisation PUSH zu unterstützen, damit sie Leute in puncto Organisation und Fundraising ausbilden konnte.

Das ist die Art von Brückenbau, die Toleranz hervorbringt. Statt von sich selbst als einem konservativen, weißen Amerikaner zu denken und von Jackson als liberalem, schwarzen Demokraten, erkannte Stone, dass sie beide die Mission verfolgten, andere zur Selbstentfaltung anzuleiten. Diese beiden Führungspersonen mögen öfter verschiedener als derselben Meinung gewesen sein, aber sie verbesserten das Leben vieler Menschen, indem sie die Differenzen ignorierten und zusammenarbeiteten.

Sollten Sie selbst einmal über Ihre Meinungsverschiedenheiten mit anderen stolpern, nehmen Sie sich ein Beispiel daran, wie Stone – wie oben geschildert – mit den Beschwerden über Mitarbeiter umging. Stellen Sie sich selbst die Aufgabe, fünf gute Dinge über die Person aufzulisten, mit der Sie nicht auskommen. Fragen Sie sich dann, ob diese fünf Dinge nicht ausreichen, um eine Form der Zusammenarbeit zu ermöglichen, die zu Ihrem gemeinsamen Nutzen ist. So gewöhnen Sie sich Toleranz im Sinne von PME an.

SCHRITT SIEBEN: SUGGERIEREN SIE POSITIVE INHALTE

Wenn man Ihnen W. Clement Stone vorgestellt hätte, und Sie hätten ihn beim Händeschütteln gefragt: »Wie geht es Ihnen?«, hätte er sicher erwidert:

»ICH FÜHLE MICH GESUND! ICH BIN GLÜCKLICH! ICH FÜHLE MICH GROSSARTIG!« Und mit all der Energie und Begeisterung, die diese großgeschriebenen Worte andeuten, wären sie ihm über die Lippen kommen.

Stone verließ sich stets auf seine positiven Suggestionen. Nachdem er sein Leben mit PME gemeistert hatte, nutzte er diese Haltung auch später noch jeden Morgen – und jeden Abend – zu jeder Gelegenheit. »Bevor ich ins Bett gehe«, sagte Stone, »knie ich mich hin und bete um einen tiefen, erholsamen Schlaf und darum, am Morgen voller Schwung, Leben und Vitalität aufzuwachen, sowie um wunderschöne Träume, die mir helfen, meine Ziele zu erreichen.«

Stone gibt Napoleon Hills Gedanken wieder, indem er uns daran erinnert: »Was der Geist sich vorzustellen und woran er zu glauben vermag, kann er mit PME erreichen. Wir setzen unsere Gedanken und Einstellungen physisch um. Und wir können

Gedanken an Armut und Scheitern genauso schnell zur Realität werden lassen, wie wir uns Gedanken an Reichtum und Erfolg zu eigen machen können. Wenn unsere Einstellung uns selbst gegenüber von Großzügigkeit geprägt ist und wir auch anderen gegenüber großzügig und mitfühlend sind, dann können wir auch selbst in hohem Maße erfolgreich sein.«

Das ist ein weiterer Punkt, bei dem die Selbstmotivatoren eine mächtige Rolle spielen. Sie kommen Ihnen vielleicht in einem Moment in den Sinn, in dem Sie sie benötigen – zum Beispiel, wenn Sie Angst eliminieren oder neutralisieren, Probleme mutiger angehen, Nachteile in Vorteile verwandeln, nach größeren Leistungen streben, wichtige Probleme lösen oder Ihre Emotionen kontrollieren wollen.

Stone wiederholte diese Selbstmotivatoren, indem er sie laut aussprach, um sie zu verstärken, und er ließ auch andere daran teilhaben, denn er wollte ihre Wirkung möglichst weit verbreiten. Og Mandino, Autor des Bestsellers *The Greatest Salesman in the World* (dt. *Der beste Verkäufer der Welt*), war einer der Herausgeber des Magazins *Success Unlimited*, das Stone und Napoleon Hill gemeinsam gegründet hatten. Er war ein enthusiastischer und inspirierender Autor, aber da er sich anfangs im Bereich Produktion nicht auskannte, kam es zu ein paar Problemen. Einmal sah Mandino angesichts eines teuren Fehlers ein, dass er seine Schuld gewesen war, und ging zu Stone, um es ihm mitzuteilen.

»Og, das ist ja großartig«, erwiderte Stone. Stone ging es mehr darum, dass Mandino eine wichtige Lektion gelernt hatte, als um das durch den Fehler verschwendete Geld. Er war zuversichtlich, Mandino würde denselben Fehler nie wieder machen und könnte weitere Probleme nun eher vermeiden, weil er realisiert hatte, was er noch alles lernen musste.

Wenn Sie sich angesichts eines Rückschlags etwas Positives suggerieren, machen Sie den ersten Schritt, um die Macht von Selbstmotivatoren zu erkennen. *In jeder Widrigkeit steckt der Same eines gleich großen oder größeren Nutzens für diejenigen, die PME nutzen!* Stone bemerkte dazu: »Ich habe so viel Glück, weil ich so viele Probleme habe, von denen andere sagen, sie ließen sich nicht lösen. Aber dank PME und indem ich mich auf ein Ziel konzentriere, helfe ich meinem Glück auf die Sprünge, denn ich verwandle das Problem in einen Vorteil.«

Stone besuchte einmal in der Bronx ein Zentrum für Jugendliche, die in Schwierigkeiten geraten waren, wo er zu einer Gruppe Mädchen sprach, die gerade ein sechsmonatiges Ausbildungsprogramm absolviert hatten. Die Mädchen waren aufgeregt und nervös. Keines von ihnen hatte jemals vorher gearbeitet oder an einem Vorstellungsgespräch teilgenommen.

Stone erzählte ihnen seine eigene Geschichte, wie er damit angefangen hatte, Zeitungen zu verkaufen, und wie PME ihm geholfen hatte, erfolgreich zu werden. Er versicherte ihnen, dass sie sicher einen guten Job fänden, wenn sie eine Positive Mentale Einstellung nutzen würden. »Selbst wenn Sie nicht die erste Stelle erhalten, auf die Sie sich bewerben, wird eine Positive Mentale Einstellung es Ihnen ermöglichen, diese Enttäuschung in eine positive Erfahrung zu verwandeln«, sagte er.

»Wie kann es eine positive Erfahrung sein, eine Stelle nicht zu bekommen?«, wollte eine der jungen Frauen wissen.

»Das kann überaus positiv sein, denn Sie werden ein Vorstellungsgespräch mitgemacht haben«, erwiderte Stone. »Beim nächsten Mal wissen Sie, was Sie erwartet. Sie werden weniger nervös sein. Und wenn Sie Fehler machen, können Sie daraus lernen. Und beim nächsten oder übernächsten Mal werden Sie Ihr Bestes tun, und *wenn Sie Ihr Bestes geben, wird das genug sein*. Sie werden wissen, wenn ein Arbeitgeber Sie nicht einstellt, wird es ein anderer tun.«

Bis Stone fertig war und den Raum verließ, hatte er die jungen Damen so weit, dass sie riefen: »Ich kann es!«, »Tu es JETZT!«, und »Ich bin gesund! Ich bin glücklich! Ich bin wunderbar!« Und es dauerte nicht lange, bis jede von ihnen eine Stelle hatte, wenn es auch nicht immer beim ersten Vorstellungsgespräch klappte.

Es ist weder ein Schwindel noch überholt, sich selbst Positives zu suggerieren. Wenn Sie es nicht tun, wer sonst?

SCHRITT ACHT: NUTZEN SIE DIE MACHT DES GEBETS

Sie haben vermutlich bemerkt, dass in mehreren der oben genannten Geschichten das Gebet eine Rolle spielt. Ein Gebet ist ein hochkonzentrierter Ausdruck von PME, der einen großen Nutzen bietet.

Stone hob häufig begeistert ein Zitat von Sir James Mackintosh hervor, das die Einstellung anspricht, mit der man betet: »Es ist in Ordnung, mit dem zufrieden zu sein, was wir haben, aber niemals mit dem, was wir sind.«

Zufriedenheit mit dem, was Sie haben, bedeutet nicht, dass Sie nicht mehr nach Besserem streben. Aber es impliziert, dass Sie alles Gute in Ihrem Leben erkennen und dankbar dafür sind. Bewusst diese guten Dinge zu würdigen, bedeutet, dass Sie nichts mehr als gegeben hinnehmen. Wenn Sie regelmäßig für die Beziehung zu Ihrem Partner, Ihre Gesundheit oder Ihre starken Freundschaften danken, werden Sie diese nicht vernachlässigen.

Deswegen sprach Stone stets ein andächtiges Gebet, bevor er ein Geschäftsmeeting begann, eine Rede hielt oder eine wichtige

Entscheidung traf. Zu beten verband ihn mit den Dingen, die ihm am wichtigsten waren. Es ging dabei nicht ums Geldverdienen, sondern um die menschlichen Qualitäten und die Menschen um ihn herum, die er wertschätzte. Zu beten hat ihm stets geholfen, sein Geschäft zu leiten und sein Privatleben zu führen, indem er die positiven Prinzipien umsetzte, die ihm am Herzen lagen. Wenn er also eine Entscheidung traf, dann immer in Übereinstimmung mit seinen Überzeugungen.

Bei vielen der anscheinend schwierigen Entscheidungen, vor denen wir stehen, können wir zwischen zwei für uns wichtigen Optionen wählen, wie etwa einer Geschäftsgelegenheit und unmittelbarer finanzieller Sicherheit. Wenn Sie aufrichtig beten und Ihre Prinzipien sowie Ihre Situation einbeziehen, wird Ihnen klar werden, ob Sie zu einem bestimmten Schritt bereit sind oder ob Sie noch mehr Vorbereitung brauchen, bevor Sie dieses Risiko eingehen. Denken Sie daran, eine Positive Mentale Einstellung bedeutet nicht, im Leben blind voranzustürmen, egal was es kostet. Wie Stone sagte: »Eine Positive Mentale Einstellung ist der RICHTIGE ehrliche Gedanke, die richtige Handlung oder Reaktion in Bezug auf eine gegebene Situation oder bestimmte Umstände.« Manchmal heißt dies, mit einem Schritt zu warten, bis Sie dafür bereit sind.

Das Gebet ist ein erstaunlich wirkungsvolles Mittel, um die Bereiche, die es zu verändern gilt, zu identifizieren und zu bearbeiten. Denken Sie an Mackintoshs Worte: »Es ist in Ordnung, mit dem zufrieden zu sein, was wir haben, aber *nie mit dem, was wir sind.*«

Stone sagte dazu: »Wir wissen, dass wir in diesem Leben nie Perfektion erreichen werden, aber wir wissen auch, dass wir dieser Perfektion nur nahekommen, indem wir danach streben. Nur wer auf eine inspirierte Art und Weise unzufrieden ist – und sich dabei PME bewahrt –, vermag seine und unsere Welt zu verändern und sie zu einem besseren Ort für sich selbst und andere zu machen.«

An anderer Stelle kommentierte Stone einst: »Viele Menschen beten, um zu danken, und das ist gut, aber ich bin vor vielen Jahren zu dem Schluss gelangt, dass es nicht gut genug ist. Wenn Sie wirklich dem Herrn danken wollen, beweisen Sie es, indem Sie Ihre Zeit, Ihre Expertise, einen Teil Ihres Vermögens mit anderen teilen. Wie ein Bauer sollten Sie den Samen zur Ernte ausbringen.«

Mit anderen Worten, es ist genauso wichtig, in Übereinstimmung mit Ihren Gebeten zu handeln, wie das Beten an sich. Wenn Sie um Mut beten, sollten Sie sich so verhalten, als wären Sie bereits mutig. Wenn Sie um eine Chance beten, sollten Sie diese sofort ergreifen, wenn sie sich bietet. Und genauso sollten Sie für erhaltene Segnungen danken, indem Sie diese mit anderen teilen.

Stone verhielt sich stets dementsprechend, sowohl durch seine Großzügigkeit gegenüber Wohltätigkeitsorganisationen und Personen als auch durch seine Entschlossenheit, so vielen Menschen wie möglich PME nahezubringen. Er war bereits fest von der Macht einer positiven Einstellung überzeugt, als ein Freund ihm eine Ausgabe von Napoleon Hills *Think and Grow Rich* gab. Stone war so beeindruckt von Hills Präsentation der Ideen in diesem Buch, dass er sofort ein Exemplar für jeden seiner Verkäufer bestellte.

»BINGO!«, so erinnerte sich Stone, »ich hatte den Jackpot erwischt. Die Wirkung war fantastisch … Viele meiner Verkäufer wurden zu Superverkäufern. Die Abschlüsse und Profite stiegen. Ihre Einstellung änderte sich von negativ zu positiv.«

Aber es dauerte noch 15 Jahre, bis Stone auf eine Methode kam, wie er die Segnungen von PME mit anderen teilen konnte. Ein Freund lud ihn zum Lunch ein, um Napoleon Hill reden zu hören. Auch wenn Hill damals schon weitgehend im Ruhestand war, hatte er zugestimmt, nach Chicago zu kommen, und hielt dort eine eindrucksvolle Rede. Nach dem Lunch unterhielten sich Hill und Stone, und Stone versuchte, Hill zu überzeugen, den Ruhestand hinter sich zu lassen und weiter mit Vorträgen und Büchern im Bereich PME zu arbeiten.

»Ich mache es unter einer Bedingung«, erwiderte Hill. »Dass Sie mein Manager werden.«

Und so begannen die beiden Männer eine Zusammenarbeit, die ein Jahrzehnt anhalten sollte. Sie produzierten Filmaufnahmen, Heimkurse, Programme für Gefängnisinsassen und schrieben gemeinsam ein Buch. Sie halfen Tausenden Menschen, PME anzuwenden.

Diese Story ist ein perfektes Beispiel für die Bereitschaft, für Segnungen zu danken – so wie man es im täglichen Gebet tut. Wie Stone es ausdrückt:

> Ich bin mir bewusst, dass meine Segnungen weit über alles hinausgehen, was ein Mensch verdient hat oder je erwarten kann. Mir ist klar, dass ich dafür im Gebet danken muss, und das tue ich. Aber ich spüre auch, ich kann das Werk des Herrn auf dieser Erde unterstützen, indem ich diese Segnungen mit den weniger vom Glück beschenkten Menschen teile.
>
> Viele Menschen sagen morgens, abends und mittags in ihren Gebeten Dank. Was wäre alles möglich, wenn mehr von uns nicht nur beten, sondern auch handeln würden, und wir unsere Segnungen, in Form von Erfahrung, Wissen, Idealen oder Teilen unseres Wohlstands, mit anderen teilten?
>
> Ich will nur die Welt verändern. Das ist alles. Ist es möglich? Das hat sich bereits erwiesen.

SCHRITT NEUN: SETZEN SIE SICH ZIELE

In diesem Buch haben Sie mehrfach gelesen, dass PME sich nicht nur auf die persönliche Einstellung bezieht, sondern dass dieser Haltung auch *Handlungen* folgen müssen. Um sich PME anzueignen, ist es entscheidend, sich Ziele zu setzen und zu verfolgen. Andernfalls wäre es, als hätten Sie einen großen, leistungsstarken Motor konstruiert und vergessen, ihn in ein Auto einzubauen: Sie verfügen damit zwar über geballte potenzielle Kraft, die Sie Ihrem Ziel jedoch kein Stück näher bringen kann.

Stone sagt dazu: »Eine Positive Mentale Einstellung, kombiniert mit einem konkreten Zweck – der Auswahl eines spezifischen Ziels –, ist der Startpunkt jedes Erfolgs. Ihre Welt wird sich verändern, egal ob Sie das wirklich wollten. Aber Sie haben es in der Hand, die Richtung zu bestimmen. Sie bestimmen Ihre persönlichen Ziele.«

Basierend auf seiner langen Karriere als Verkaufstrainer ergänzt Stone:

> »98 von 100 Menschen, die mit ihrer Welt unzufrieden sind, haben sich bisher kein klares Bild davon gemacht, wie ihre persönliche Welt beschaffen sein soll.
>
> Denken Sie darüber nach! Denken Sie an die Menschen, die ziellos und unzufrieden durchs Leben treiben, mit allerlei Mühen geplagt, aber ohne ein klar umrissenes Ziel. Ein Ziel festzulegen, mag nicht einfach sein. Dazu kann es gehören, sich selbst genau unter die Lupe zu nehmen. Aber es ist den Aufwand wert, denn sobald Sie ein Ziel benennen können, werden daraus viele Vorteile erwachsen. Diese Vorteile stellen sich dann nahezu automatisch ein …

Wenn Sie wissen, was Sie wollen, werden Sie sich eher auf Kurs bringen und in die richtige Richtung gehen. Sie treten in Aktion. ›Aktion‹ ist hierbei das Schlüsselwort – solange wir nicht handeln, schlummern Informationen und Ideen nur in uns.

Sie werden motiviert sein, den erforderlichen Preis zu akzeptieren, um Ihr Ziel zu erreichen. Sie budgetieren Ihre Zeit und Ihr Geld. Im besten Fall lernen Sie täglich dazu, denken zielgerichtet und planen immer weiter. Sie erfahren, wie Sie hilfreiche Prinzipien auf Ihrem Weg zu Ihren Zielen erkennen und wenden diese an …

Je mehr Sie über Ihre Ziele nachdenken, desto enthusiastischer werden Sie. Und mit dieser Begeisterung verwandelt sich Ihr Wunsch in ein *brennendes* Verlangen. Sie werden täglich neue Chancen entdecken. Weil Sie wissen, was Sie wollen, werden Sie diese Gelegenheiten weitaus eher als zuvor erkennen.«

Stone setzte sich während seines langen erfolgreichen Lebens fortlaufend Ziele. So vorzugehen, erwies sich vor allem zu der Zeit als erfolgskritisch, als nicht nur sein Unternehmen, sondern die gesamte amerikanische Wirtschaft niederzugehen drohte.

Als die Weltwirtschaftskrise zuschlug, stand Stones Unternehmen noch bestens da. Aber nach einigen Jahren hoher Arbeitslosigkeit stürzte der Absatz von Policen ab. Viele seiner Vertreter gaben auf, weil sie nicht mehr genug verdienten.

Stone reagierte, indem er sich vier Ziele setzte:

1. Ein möglichst großes Einkommen durch Verkäufe an Personen verdienen.
2. Weiter neue Verkäufer anstellen.

3. Neue Verkäufer und auch die vorhandenen Mitarbeiter weiterbilden, sodass ihre Leistungen seinen eigenen entsprechen oder diese sogar übertreffen.
4. Ein Berichtsystem für Verkäufe entwickeln, um einen Überblick der landesweiten Geschäfte seines Unternehmens zu erhalten.

Das waren ehrgeizige Ziele, besonders in der Wirtschaftskrise, als die Leute sich fragten, ob Amerika jemals wieder über den früher gewohnten Wohlstand verfügen würde.

Stone stellte Rand McNally an, um das neue Verkaufsberichtsystem aufzubauen, aber die anderen drei Ziele musste er selbst erreichen. Also setzte er sich in seinen Wagen, um durchs ganze Land zu reisen, seine Vertreter zu besuchen, gemeinsam mit ihnen Verkaufsgespräche durchzuführen und ihnen dabei seine Verkaufsmethode zu demonstrieren. Auf seiner Tour stellte er Verkäufer für neue Regionen an und verbrachte je einen Tag mit jedem von ihnen, um dem jeweiligen Vertreter einer Region den aktuellen Auftrag anzuvertrauen und ihn mittels PME zu motivieren.

Stones Geschäft blieb solvent und wuchs wieder. Gemeinsam mit seinem Verkaufsteam verdiente er während der Weltwirtschaftskrise weit mehr als viele andere Menschen, die sich mühsam über Wasser hielten. Wäre er in Chicago geblieben und hätte sich nur Sorgen um seine Gläubiger und Verkäufer gemacht, hätte er das nicht geschafft.

Sie werden sich vermutlich kurzfristige und langfristige Ziele setzen. Für jedes Ziel ist es maßgeblich, zuversichtlich zu handeln und es umzusetzen. Verkaufen Sie sich dabei nicht unter Wert.

SCHRITT ZEHN: TÄGLICH DAZULERNEN, DENKEN UND PLANEN

W. Clement Stone badete lieber, statt zu duschen. Duschen geht schneller und wohlhabende Menschen haben meist viel zu tun, aber Stone füllte jeden Morgen seine Marmorbadewanne mit dampfendem Wasser und streckte sich darin aus, um zu entspannen. »Beim Baden kann ich am besten denken«, begründete er diese Routine.

Motiviert durch PME und begierig, Ihre Ziele zu erreichen, könnten Sie den Fehler machen zu denken, Sie müssten ständig handeln, handeln, handeln. Sie sollten sich auf die Aktivitäten konzentrieren, die Sie dem Erfolg näherbringen, aber auch etwas Zeit damit verbringen, gründlich nachzudenken.

»Ein kleiner Tropfen Tinte regt Tausende, vielleicht Millionen … zum Nachdenken an«, schrieb Lord Byron in seinem Epos *Don Juan*. Und die durch Lektüre und Lernen gewonnene Inspiration, die Sie auf neue Ideen bringt, ist wichtig, um PME zu kultivieren. Neue Einfälle werden Sie anregen und Sie werden sich auch an Ideen erinnern, die Ihnen entfallen waren.

Über die Jahre gewöhnte Stone sich an, anderen Menschen Bücher, die er gelesen hatte, zu empfehlen, darunter nicht nur inspirierende Titel wie *Think and Grow Rich*, sondern auch Bücher über Geschichte, die Gesellschaft, und Belletristik. Sein aktiver Verstand arbeitete stets daran, neue Ideen aufzunehmen und anzuwenden. Dadurch blieb er geistig flexibel und wach.

Hier ein Beispiel dafür, wie sich dieses Verhalten bezahlt machen kann: Als Teenager arbeitete ich in der Poststelle von Stones Büro, als ich beschloss, ihm eine Idee zu präsentieren. Damals war es mein Hobby, Film- und Audioaufnahmen zu machen, und mir schwebte vor, die Verkäufer, die im ganzen Land unterwegs waren, mit Film- und Audioaufnahmen von Stones motivierenden Vorträgen zu unterstützen.

Obwohl meine Kollegen lästerten und meinten, ich würde meinen Arbeitsplatz riskieren, indem ich dem Präsidenten des Unternehmens einfach so schrieb, schickte ich Stone ein Memo, worin ich den Nutzen meiner Idee schilderte. Eine Stunde nachdem Stone das Memo erhalten hatte, wurde ich in sein Büro gebeten. »Nett, dich kennengelernt zu haben«, sagte ein Kollege. »Genieß die Zeit im Arbeitsamt.«

Als seine Sekretärin mich ankündigte, kam Stone schon durch die Tür geeilt, schüttelte meine Hand und sagte: »Eine großartige Idee! Erzählen Sie mir mehr!« Und am selben Nachmittag kauften wir die Ausrüstung und richteten eine neue Abteilung ein. Die damals eingesetzte Technik ist heute weitverbreitet, aber damals war sie revolutionär und Stone wendete sie begeistert an. Und das kam sicher daher, dass er stets geistig flexibel und positiv eingestellt war.

1979 meinte W. Clement Stone im Alter von 70 Jahren zu einem Interviewer des *Chicago*-Magazins: »Ich werde mindestens 87 Jahre alt – das ist sicher. Es ist möglich, sein Leben dank PME zu verlängern.« Das mag damals wie Angeberei gewirkt haben, aber heute zeugt es eher von Bescheidenheit.

Niemand, den ich je gekannt oder mit dem ich zusammengearbeitet habe, hat die Prinzipien einer Positiven Mentalen Einstellung besser verkörpert als W. Clement Stone. Er hat mich und Abertausende andere zu einer besseren Lebensführung inspiriert. Er war ein großartiger Mann, der sein Leben der Aufgabe widmete, anderen zu helfen, was ihm großen Erfolg einbrachte.

Ich habe Ihnen diese kleinen Einblicke in sein Leben nicht als Tribut an Stone gewährt, sondern um Ihnen zu zeigen, wie Sie

PME bei allen erdenklichen Aktivitäten anwenden können. Es wird Ihnen helfen, egal ob Sie Zeitungen verkaufen, Ihren Kindern moralische Werte vermitteln oder Ihr eigenes Unternehmen leiten wollen.

Welchen Weg Sie mittels PME einschlagen, liegt ganz bei Ihnen. Aber Sie haben die Möglichkeit, sich ein Ziel zu setzen und zu erreichen, indem Sie einen einzigen Aspekt in Ihrem Leben optimieren – *Ihre Einstellung gegenüber allem und jedem, mit dem oder denen Sie in Ihrem Leben zu tun haben.*

KAPITEL 12

WOHIN SOLL DIE REISE GEHEN?

Gratulation! Sie haben es geschafft! Indem Sie dieses Buch über PME gelesen haben, haben Sie mentale Kräfte freigesetzt, die bereits für Sie arbeiten. Wenn Sie sich eine Positive Mentale Einstellung aneignen und all das bedenken, was Sie dadurch erreichen werden, sehen Sie sich selbst sofort in einem positiveren Licht. Andere Menschen werden diesen Unterschied bemerken – Sie werden erfahren, wie sie Ihnen mehr Respekt entgegenbringen, weil sie anerkennen, dass Sie Ihr Leben anpacken und Ihre Gefühle sowie Ihre Einstellung im Griff haben.

Bestimmt ist Ihnen bei der Lektüre der zehn Schritte aufgefallen, dass diese ineinandergreifen. Diese Schritte sind eng miteinander verknüpft, sie weben den Stoff des Lebens, den wir PME nennen. Nutzen Sie PME ab sofort – jeden Tag und auf jede erdenkliche Weise.

Wohin soll Ihre Reise von hier aus führen? Zu einem Dasein voller Kraft und Lebenssinn. Zu einem Leben, geprägt von der Befriedigung und der Freude, die eine Positive Mentale Einstellung mit sich bringt. Gute Reise!

LEBEN SIE MIT PME: ES WIRD SIE BEGEISTERN!

EMPFOHLENE LEKTÜRE

Die Konzepte, Methoden und Suggestionen in diesem Buch gleichen der Spitze eines Eisbergs. Wenn Sie tiefer in die aufgeführten Erfolgsprinzipien eintauchen wollen, empfiehlt es sich, die Erkenntnisse der folgenden Bücher zu lesen, sich anzueignen und anzuwenden:

Bertice Berry: *Bertice: The World According to Me*. Scribner's. 1996.

Berry berichtet, wie sie es mit unglaublicher Inspiration und Gottvertrauen heraus aus armen Verhältnissen in einer Sozialwohnung zu Ruhm und Erfolg gebracht hat.

Dennis Conner und Edward Claflin: *The Art of Winning*. St. Martin's Press. 1988.

Conner schildert, wie er in allen Lebensbereichen die Kraft der Motivation nutzt.

Stephen R. Covey: *The 7 Habits of Highly Effective People*. Fireside Books. 1990. (dt.: *Die 7 Wege zur Effektivität: Prinzipien für persönlichen und beruflichen Erfolg*. Gabal. 2018)

Wie Napoleon Hill nutzt auch Covey die Beispiele herausragend erfolgreicher Menschen, um aufzuzeigen, wie sie Probleme lösen und Chancen nutzen.

Dennis Kimbro und Napoleon Hill: *Think and Grow Rich: A Black Choice*. Ballantine Books. 1987.

Voller Beispiele über Afroamerikaner, welche die Erfolgsprinzipien in ihrem Leben anwendeten.

Napoleon Hill: *Napoleon Hill's Keys to Success*. Dutton. 1994.

Eine Schritt-für-Schritt-Anleitung, wie man die Erfolgsprinzipien zu seinen eigenen Werkzeugen macht und anwendet.

Napoleon Hill: *Think and Grow Rich*. Fawcett Books. 1962. (dt.: *Think and Grow Rich*. FinanzBuch. 2018.)

Ein Klassiker der Erfolgsliteratur, Pflichtlektüre für jeden, der aufrichtig darin interessiert ist, seine innigsten Herzenswünsche in die Tat umzusetzen.

Napoleon Hill: *Napoleon Hill's Positive Action Plan*. Plume. 1997.

Meditative Instruktionen für jeden Tag, um die eigene Einstellung positiv zu gestalten und auf den Erfolg auszurichten.

Napoleon Hill und W. Clement Stone: *Success Through a Positive Mental Attitude*. Pocket Books. 1958. (dt.: *Mit positivem Denken zum Erfolg*. FinanzBuch. 2020.)

Dieses gemeinsame Werk von Hill und Stone ist *das* Buch, das man lesen sollte, um die Erfolgsprinzipien tiefer zu ergründen.

Susan Jeffers: *Feel the Fear and Do It Anyway*. Fawcett Books. 1987. (dt.: *Selbstvertrauen gewinnen: Die Angst vor der Angst verlieren*. Kösel-Verlag. 2017.)

Dynamische Techniken, um Selbstzweifel zu überwinden und das Glück zu erlangen.

David McCullough: *Truman*. Fireside Books. 1996.
Diese Biografie des Farmers, der Präsident der Vereinigten Staaten wurde, ist ein Tribut an einen Mann, der an harte Arbeit und verantwortungsvolles Handeln glaubte.

Bill Sands: *My Shadow Ran Fast*. The Napoleon Hill Foundation. 1995.
Die inspirierende Geschichte eines verurteilten Straftäters, der sein Leben wieder in den Griff bekam, indem er seine Einstellung änderte und sich wichtige Ziele setzte.

W. Clement Stone: *The Success System that Never Fails*. Pocket Books. 1980.
Einsichten in Stones Formeln, um seinen Verkäufern eine Positive Mentale Einstellung zu vermitteln.

Terrie Williams und Joe Cooney: *The Personal Touch*. Warner Books. 1994.
Williams' Philosophie im Umgang mit Menschen hat sie zu einer der gefragtesten Publicity-Expertinnen der Welt gemacht.

Norman Vincent Peale: *My Favorite Quotations*. Harper Collins. 1990.
Eine Sammlung motivierender Zitate von Menschen, die uns inspirieren.

Mit positivem Denken zum Erfolg

Napoleon Hill

Erfolg, Gesundheit, Glück und Reichtum hängen davon ab, welche Entscheidungen wir treffen. Denn unser Verstand gleicht einer Münze mit zwei Seiten: Auf der einen Seite findet sich die positive Geisteshaltung, auf der anderen die negative. Eine positive Einstellung zieht das Gute und das Schöne an. Die negative Einstellung hingegen nimmt uns alles, was das Leben lebenswert macht.
Napoleon Hill und der Multimillionär W. Clement Stone hatten sich zu einer der bemerkenswertesten Partnerschaften aller Zeiten zusammenschlossen. Das Ergebnis war das Buch Mit positivem Denken zum Erfolg und die Gewissheit, dass mit der richtigen Einstellung jeder seine Träume verwirklichen kann. Auch Sie können Ihr kreatives Denken, Ihr Wissen, Ihre Persönlichkeit und Ihre körperliche Energie in Erfolg, Reichtum und Zufriedenheit verwandeln.

368 Seiten | Softcover | 18,00 € (D) | 18,60 € (A) | ISBN 978-3-95972-222-3

Success Habits

Napoleon Hill

Im Zuge seiner Recherchen für seinen millionenfachen Bestseller Think and Grow Rich sprach Napoleon Hill mit den beeindruckendsten Persönlichkeiten seiner Zeit. Aus diesen Gesprächen und seinen eigenen Erfahrungen entwickelte Hill seine Erfolgsprinzipien. In diesem bisher unveröffentlichten Werk gibt er jene Weisheiten weiter, die bereits das Leben von Millionen Menschen verändert haben. Eindrücklich erklärt Hill die grundlegenden Regeln, die zu einem erfolgreichen Leben führen. Von der Bedeutung der Zielstrebigkeit bis hin zum unaufhaltsamen Einfluss der kosmischen Gewohnheitskraft ermöglichen Hills Prinzipien eine neue Denkweise über Intention, Selbstdisziplin und die Art, wie wir unser Leben führen.

Success Habits ist eine Sammlung von ausgewählten Vorträgen, die Napoleon Hill gehalten hat, und ist mit persönlichen Anekdoten und Geschichten gefüllt, um die Erfolgsprinzipien zu illustrieren. Hills Erkenntnisse lassen sich auf alle Bereiche des Lebens anwenden und inspirieren die Leser, die Prinzipien zu nutzen, um ihre eigenen Ziele zu erreichen und das erfolgreiche Leben zu führen, von dem sie immer geträumt haben.

224 Seiten | Softcover | 18,00 € (D) | 18,60 € (A) | ISBN 978-3-95972-656-6